U0053239

書名：《斗數秘鈔》《紫微斗數之捷徑》合刊
系列：心一堂術數古籍珍本叢刊　星命類　紫微斗數系列
作者：心一堂編
主編、責任編輯：陳劍聰
心一堂術數古籍珍本叢刊編校小組：陳劍聰　素聞　梁松盛　鄒偉才　虛白盧主

出版：心一堂有限公司
通訊地址：香港九龍旺角彌敦道六一〇號荷李活商業中心十八樓〇五—〇六室
深港讀者服務中心·中國深圳市羅湖區立新路六號羅湖商業大廈負一層〇〇八室
電話號碼：(852)67150840
網址：publish.sunyata.cc
電郵：sunyatabook@gmail.com
網店：http://book.sunyata.cc
淘寶店地址：https://shop210782774.taobao.com
微店地址：https://weidian.com/s/1212826297
臉書：https://www.facebook.com/sunyatabook
讀者論壇：http://bbs.sunyata.cc/

版次：二零一四年五月初版
平裝

定價：港幣　二百七十元正
　　　人民幣　二百七十元正
　　　新台幣　九百八十元正

國際書號：ISBN 978-988-8266-70-8

香港發行：香港聯合書刊物流有限公司
地址：香港新界大埔汀麗路36號中華商務印刷大廈3樓
電話號碼：(852)2150-2100
傳真號碼：(852)2407-3062
電郵：info@suplogistics.com.hk

台灣發行：秀威資訊科技股份有限公司
地址：台灣台北市內湖區瑞光路七十六巷六十五號一樓
電話號碼：+886-2-2796-3638
傳真號碼：+886-2-2796-1377
網絡書店：www.bodbooks.com.tw
台灣國家書店讀者服務中心：
地址：台灣台北市中山區松江路二〇九號一樓
電話號碼：+886-2-2518-0207
傳真號碼：+886-2-2518-0778
網絡書店：http://www.govbooks.com.tw

中國大陸發行　零售：深圳心一堂文化傳播有限公司
深圳地址：深圳市羅湖區立新路六號羅湖商業大廈負一層〇〇八室
電話號碼：(86)0755-82224934

心一堂微店二維碼

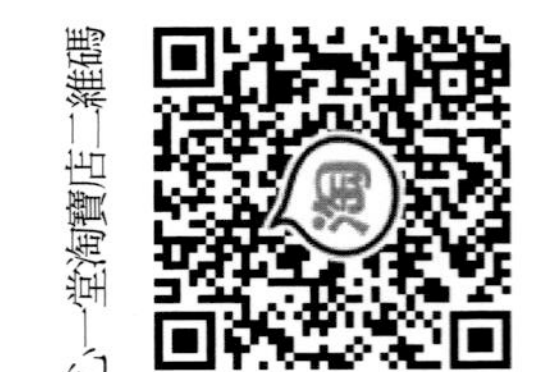
心一堂淘寶店二維碼

心一堂術數古籍 珍本 整理 叢刊 總序

術數定義

術數，大概可謂以「推算（推演）、預測人（個人、群體、國家等）、事、物、自然現象、時間、空間方位等規律及氣數，並或通過種種『方術』，從而達致趨吉避凶或某種特定目的」之知識體系和方法。

術數類別

我國術數的內容類別，歷代不盡相同，例如《漢書・藝文志》中載，漢代術數有六類：天文、曆譜、五行、蓍龜、雜占、形法。至清代《四庫全書》，術數類則有：數學、占候、相宅相墓、占卜、命書、相書、陰陽五行、雜技術等，其他如《後漢書・方術部》、《藝文類聚・方術部》、《太平御覽・方術部》等，對於術數的分類，皆有差異。古代多把天文、曆譜、及部份數學均歸入術數類，而民間流行亦視傳統醫學作為術數的一環；此外，有些術數與宗教中的方術亦往往難以分開。現代學界則常將各種術數歸納為五大類別：命、卜、相、醫、山，通稱「五術」。

本叢刊在《四庫全書》的分類基礎上，將術數分為九大類別：占筮、星命、相術、堪輿、選擇、三式、讖諱、理數（陰陽五行）、雜術（其他）。而未收天文、曆譜、算術、宗教方術、醫學。

術數思想與發展——從術到學，乃至合道

我國術數是由上古的占星、卜筮、形法等術發展下來的。其中卜筮之術，是歷經夏商周三代而通過

「龜卜、蓍筮」得出卜（筮）辭的一種預測（吉凶成敗）術，之後歸納並結集成書，此即現傳之《易經》。經過春秋戰國至秦漢之際，受到當時諸子百家的影響、儒家的推崇，遂有《易傳》等的出現，原本是卜筮術書的《易經》，被提升及解讀成有包涵「天地之道（理）」之學。因此，《易・繫辭傳》曰：「易與天地準，故能彌綸天地之道。」

漢代以後，易學中的陰陽學說，與五行、九宮、干支、氣運、災變、律曆、卦氣、讖緯、天人感應說等相結合，形成易學中象數系統。而其他原與《易經》本來沒有關係的術數，如占星、形法、選擇，亦漸漸以易理（象數學說）為依歸。《四庫全書・易類小序》云：「術數之興，多在秦漢以後。要其旨，不出乎陰陽五行，生尅制化。實皆《易》之支派，傳以雜說耳。」至此，術數可謂已由「術」發展成「學」。

及至宋代，術數理論與理學中的河圖洛書、太極圖、邵雍先天之學及皇極經世等學說給合，通過術數以演繹理學中「天地中有一太極，萬物中各有一太極」（《朱子語類》）的思想。術數理論不單已發展至十分成熟，而且也從其學理中衍生一些新的方法或理論，如《梅花易數》、《河洛理數》等。

在傳統上，術數功能往往不止於僅僅作為趨吉避凶的方術，及「能彌綸天地之道」的學問，亦有其「修心養性」的功能，「與道合一」（修道）的內涵。《素問・上古天真論》：「上古之人，其知道者，法於陰陽，和於術數。」數之意義，不單是外在的算數、歷數、氣數，而是與理學中同等的「道」、「理」--心性的功能，北宋理氣家邵雍對此多有發揮：「聖人之心，是亦數也」、「萬化萬事生乎心」、「心為太極」。《觀物外篇》：「先天之學，心法也。……蓋天地萬物之理，盡在其中矣，心一而不分，則能應萬物。」反過來說，宋代的術數理論，受到當時理學、佛道及宋易影響，認為心性本質上是等同天地之太極。天地萬物氣數規律，能通過內觀自心而有所感知，即是內心也已具備有術數的推演及預測、感知能力；相傳是邵雍所創之《梅花易數》，便是在這樣的背景下誕生。

《易・文言傳》已有「積善之家，必有餘慶；積不善之家，必有餘殃」之說，至漢代流行的災變說及讖緯說，我國數千年來都認為天災，異常天象（自然現象），皆與一國或一地的施政者失德有關；下至家族、個人之盛衰，也都與一族一人之德行修養有關。因此，我國術數中除了吉凶盛衰理數之外，人心的德行修養，也是趨吉避凶的一個關鍵因素。

術數與宗教、修道

在這種思想之下，我國術數不單只是附屬於巫術或宗教行為的方術，又往往是一種宗教的修煉手段——通過術數，以知陰陽，乃至合陰陽（道）。「其知道者，法於陰陽，和於術數。」例如，「奇門遁甲」術中，即分為「術奇門」與「法奇門」兩大類。「法奇門」中有大量道教中符籙、手印、存想、內煉的內容，是道教內丹外法的一種重要外法修煉體系。甚至在雷法一系的修煉上，亦大量應用了術數內容。此外，相術、堪輿術中也有修煉望氣（氣的形狀、顏色）的方法；堪輿家除了選擇陰陽宅之吉凶外，也有道教中選擇適合修道環境（法、財、侶、地中的地）的方法，以至通過堪輿術觀察天地山川陰陽之氣，亦成為領悟陰陽金丹大道的一途。

易學體系以外的術數與的少數民族的術數

我國術數中，也有不用或不全用易理作為其理論依據的，如揚雄的《太玄》、司馬光的《潛虛》。也有一些占卜法、雜術不屬於《易經》系統，不過對後世影響較少而已。

外來宗教及少數民族中也有不少雖受漢文化影響（如陰陽、五行、二十八宿等學說）但仍自成系統的術數，如古代的西夏、突厥、吐魯番等占卜及星占術，藏族中有多種藏傳佛教占卜術、苯教占卜術、擇吉術、推命術、相術等；北方少數民族有薩滿教占卜術；不少少數民族如水族、白族、布朗族、佤族、彝族、苗族等，皆有占雞（卦）草卜、雞蛋卜等術，納西族的占星術、占卜術，彝族畢摩的推命術、占卜術……等等，都是屬於《易經》體系以外的術數。相對上，外國傳入的術數以及其理論，對我國術數影響更大。

曆法、推步術與外來術數的影響

我國的術數與曆法的關係非常緊密。早期的術數中，很多是利用星宿或星宿組合的位置（如某星在某州或某宮某度）付予某種吉凶意義，并據之以推演，例如歲星（木星）、月將（某月太陽所躔之宮次）等。不過，由於不同的古代曆法推步的誤差及歲差的問題，若干年後，其術數所用之星辰的位置，已與真實星辰的位置不一樣了；此如歲星（木星），早期的曆法及術數以十二年為一周期（以應地支），與木星真實周期十一點八六年，每幾十年便錯一宮。後來術家又設一「太歲」的假想星體來解決，是歲星運行的相反，週期亦剛好是十二年。而術數中的神煞，很多即是根據太歲的位置而定。又如六壬術中的「月將」，原是立春節氣後太陽躔娵訾之次而稱作「登明亥將」，至宋代，因歲差的關係，要到雨水節氣後太陽才躔娵訾之次，當時沈括提出了修正，但明清時六壬術中「月將」仍然沿用宋代沈括修正的起法沒有再修正。

由於以真實星象周期的推步術是非常繁複，而且古代星象推步術本身亦有不少誤差，大多數術數除依曆書保留了太陽（節氣）、太陰（月相）的簡單宮次計算外，漸漸形成根據干支、日月等的各自起例，以起出其他具有不同含義的眾多假想星象及神煞系統。唐宋以後，我國絕大部份術數都主要沿用這一系統，也出現了不少完全脫離真實星象的術數，如《子平術》、《紫微斗數》、《鐵版神數》等。後來就連一些利用真實星辰位置的術數，如《七政四餘術》及選擇法中的《天星選擇》，也已與假想星象及神煞混合而使用了。

隨着古代外國曆（推步）、術數的傳入，如唐代傳入的印度曆法及術數，元代傳入的回回曆等，其中我國占星術便吸收了印度占星術中羅睺星、計都星等而形成四餘星，又通過阿拉伯占星術而吸收了其中來自希臘、巴比倫占星術的黃道十二宮、四元素學說（地、水、火、風），並與我國傳統的二十八宿、五行說、神煞系統並存而形成《七政四餘術》。此外，一些術數中的北斗星名，不用我國傳統的星名：天樞、天璇、天璣、天權、玉衡、開陽、搖光，而是使用來自印度梵文所譯的：貪狼、巨門、祿存、文曲，廉貞、武曲、破軍等，此明顯是受到唐代從印度傳入的曆法及占星術所影響。如星命術的《紫微斗數》及堪輿術的《撼龍經》等文獻中，其星皆用印度譯名。及至清初《時憲曆》，置閏之法則改用西法「定氣」。清代以後的術數，又作過不少的調整。

陰陽學——術數在古代、官方管理及外國的影響

術數在古代社會中一直扮演着一個非常重要的角色，影響層面不單只是某一階層、某一職業、某一年齡的人，而是上自帝王，下至普通百姓，從出生到死亡，不論是生活上的小事如洗髮、出行等，大事如建房、入伙、出兵等，從個人、家族以至國家，從天文、氣象、地理到人事、軍事，從民俗、學術到宗教，都離不開術數的應用。我國最晚在唐代開始，已把以上術數之學，稱作陰陽（學），行術數者稱陰陽人。（敦煌文書、斯四三二七唐《師師漫語話》：「以下說陰陽人謾語話」，此說法後來傳入日本，今日本人稱行術數者為「陰陽師」）。一直到了清末，欽天監中負責陰陽術數的官員中，以及民間術數之士，仍名陰陽生。

古代政府的中欽天監（司天監），除了負責天文、曆法、輿地之外，亦精通其他如星占、選擇、堪輿等術數，除在皇室人員及朝庭中應用外，也定期頒行日書、修定術數，使民間對於天文、日曆用事吉

凶及使用其他術數時，有所依從。

中國古代政府對官方及民間陰陽學及陰陽官員，從其內容、人員的選拔、培訓、認證、考核、律法監管等，都有制度。至明清兩代，其制度更為完善、嚴格。

宋代官學之中，課程中已有陰陽學及其考試的內容。（宋徽宗崇寧三年〔一一零四年〕崇寧算學令：「諸學生習……並曆算、三式、天文書。」，「諸試……三式即射覆及預占三日陰陽風雨。天文即預定一月或一季分野災祥，並以依經備草合問為通。」

金代司天臺，從民間「草澤人」（即民間習術數之士）考試選拔：「其試之制，以《宣明曆》試推步，及《婚書》、《地理新書》試合婚、安葬，並《易》筮法，六壬課、三命、五星之術。」（《金史》卷五十一・志第三十二・選舉一）

元代為進一步加強官方陰陽學對民間的影響、管理、控制及培育，除沿襲宋代、金代在司天監掌管陰陽學及中央的官學陰陽學課程之外，更在地方上增設陰陽學之課程（《元史・選舉志一》：「世祖至元二十八年夏六月始置諸路陰陽學。」）地方上也設陰陽學教授員，培育及管轄地方陰陽人。（《元史・選舉志一》：「（元仁宗）延祐初，令陰陽人依儒醫例，於路、府、州設教授員，凡陰陽人皆管轄之，而上屬於太史焉。」）自此，民間的陰陽術士（陰陽人），被納入官方的管轄之下。

至明清兩代，陰陽學制度更為完善。中央欽天監掌管陰陽學，明代地方縣設陰陽學正術，各州設陰陽學典術，各縣設陰陽學訓術。陰陽人從地方陰陽學肄業或被選拔出來後，再送到欽天監考試。（《大明會典》卷二二三：「凡天下府州縣舉到陰陽人堪任正術等官者，俱從吏部送（欽天監），考中，送回選用；不中者發回原籍為民，原保官吏治罪。」）清代大致沿用明制，凡陰陽術數之流，悉歸中央欽天監及地方陰陽官員管理、培訓、認證。至今尚有「紹興府陰陽印」、「東光縣陰陽學記」等明代銅印，及某某縣某某之清代陰陽執照等傳世。

清代欽天監漏刻科對官員要求甚為嚴格。《大清會典》「國子監」規定：「凡算學之教，設肄業生。滿洲十有二人，蒙古、漢軍各六人，於各旗官學內考取。漢十有二人，於舉人、貢監生童內考取。附學生二十四人，由欽天監選送。教以天文演算法諸書，五年學業有成，舉人引見以欽天監博士用，貢監生童以天文生補用。」學生在官學肄業、貢監生肄業或考得舉人後，經過了五年對天文、算法、陰陽學的學習，其中精通陰陽術數者，會送往漏刻科。而在欽天監供職的官員，《大清會典則例》「欽天監」規定：「本監官生三年考核一次，術業精通者，保題升用。不及者，停其升轉，再加學習。如能黽勉供職，即予開複。仍不及者，降職一等，再令學習三年，能習熟者，准予開複，仍不能者，黜退。」除定期考核以定其升用降職外，《大清律例》中對陰陽術士不準確的推斷（妄言禍福）是要治罪的。《大清律例・一七八・術七・妄言禍福》：「凡陰陽術士不許於大小文武官員之家妄言禍福，違者杖一百。其依經推算星命卜課，不在禁限。」大小文武官員延請的陰陽術士，自然是以欽天監漏刻科官員或地方陰陽官員為主。

官方陰陽學制度也影響鄰國如朝鮮、日本、越南等地，一直到了民國時期，鄰國仍然沿用着我國的多種術數。而我國的漢族術數，在古代甚至影響遍及西夏、突厥、吐蕃、阿拉伯、印度、東南亞諸國。

術數研究

術數在我國古代社會雖然影響深遠，「是傳統中國理念中的一門科學，從傳統的陰陽、五行、九宮、八卦、河圖、洛書等觀念作大自然的研究。……傳統中國的天文學、數學、煉丹術等，要到上世紀中葉始受世界學者肯定。可是，術數還未受到應得的注意。術數在傳統中國科技史、思想史，文化史、社會史，甚至軍事史都有一定的影響。……更進一步了解術數，我們將更能了解中國歷史的全貌。」（何丙郁《術數、天文與醫學中國科技史的新視野》，香港城市大學中國文化中心。）

可是術數至今一直不受正統學界所重視，加上術家藏秘自珍，又揚言天機不可洩漏，「（術數）乃吾國科學與哲學融貫而成一種學說，數千年來傳衍嬗變，或隱或現，全賴一二有心人為之繼續維繫，賴以不絕，其中確有學術上研究之價值，非徒癡人說夢，荒誕不經之謂也。其所以至今不能在科學中成立一種地位者，實有數困。蓋古代士大夫階級目醫卜星相為九流之學，多恥道之；而發明諸大師又故為惝恍迷離之辭，以待後人探索；間有一二賢者有所發明，亦秘莫如深，既恐洩天地之秘，復恐譏為旁門左道，始終不肯公開研究，成立一有系統說明之書籍，貽之後世。故居今日而欲研究此種學術，實一極困難之事。」（民國徐樂吾《子平真詮評註》，方重審序）

現存的術數古籍，除極少數是唐、宋、元的版本外，絕大多數是明、清兩代的版本。其內容也主要是明、清兩代流行的術數，唐宋以前的術數及其書籍，大部份均已失傳，只能從史料記載、出土文獻、敦煌遺書中稍窺一鱗半爪。

術數版本

坊間術數古籍版本，大多是晚清書坊之翻刻本及民國書賈之重排本，其中豕亥魚魯，或而任意增刪，往往文意全非，以至不能卒讀。現今不論是術數愛好者，還是民俗、史學、社會、文化、版本等學術研究者，要想得一常見術數書籍的善本、原版，已經非常困難，更遑論稿本、鈔本、孤本。在文獻不足及缺乏善本的情況下，要想對術數的源流、理法、及其影響，作全面深入的研究，幾不可能。

有見及此，本叢刊編校小組經多年努力及多方協助，在中國、韓國、日本等地區搜羅了一九四九年以前漢文為主的術數類善本、珍本、鈔本、孤本、稿本、批校本等數百種，精選出其中最佳版本，分別輯入兩個系列：

一、心一堂術數古籍珍本叢刊

二、心一堂術數古籍整理叢刊

前者以最新數碼技術清理、修復珍本原本的版面，更正明顯的錯訛，部份善本更以原色精印，務求更勝原本，以饗讀者。後者延請、稿約有關專家、學者，以善本、珍本等作底本，參以其他版本，進行審定、校勘、注釋，務求打造一最善版本，供現代人閱讀、理解、研究等之用。不過，限於編校小組的水平，版本選擇及考證、文字修正、提要內容等方面，恐有疏漏及舛誤之處，懇請方家不吝指正。

心一堂術數古籍 珍本 整理 叢刊編校小組

二零一三年九月修訂

	廟	旺	得地	利益	平和	不地	陷
子	破曲梁存陀相府机	同武巨貪羊	昌		紫貞		月火鈴
丑	紫相殺昌府月曲武羊	梁破	火	貞貪		同日巨	机
寅	紫相巨府梁殺祿馬	日	机武存殺	同	曲貪貞	陀	昌[illegible]
卯	日梁同巨存鈴			天府			
辰	府梁貪武羊	月破	紫昌殺曲	机貞	相同巨		月
巳	同昌曲	紫相[illegible]	府相存火		机武殺破梁		月貞貪陀巨

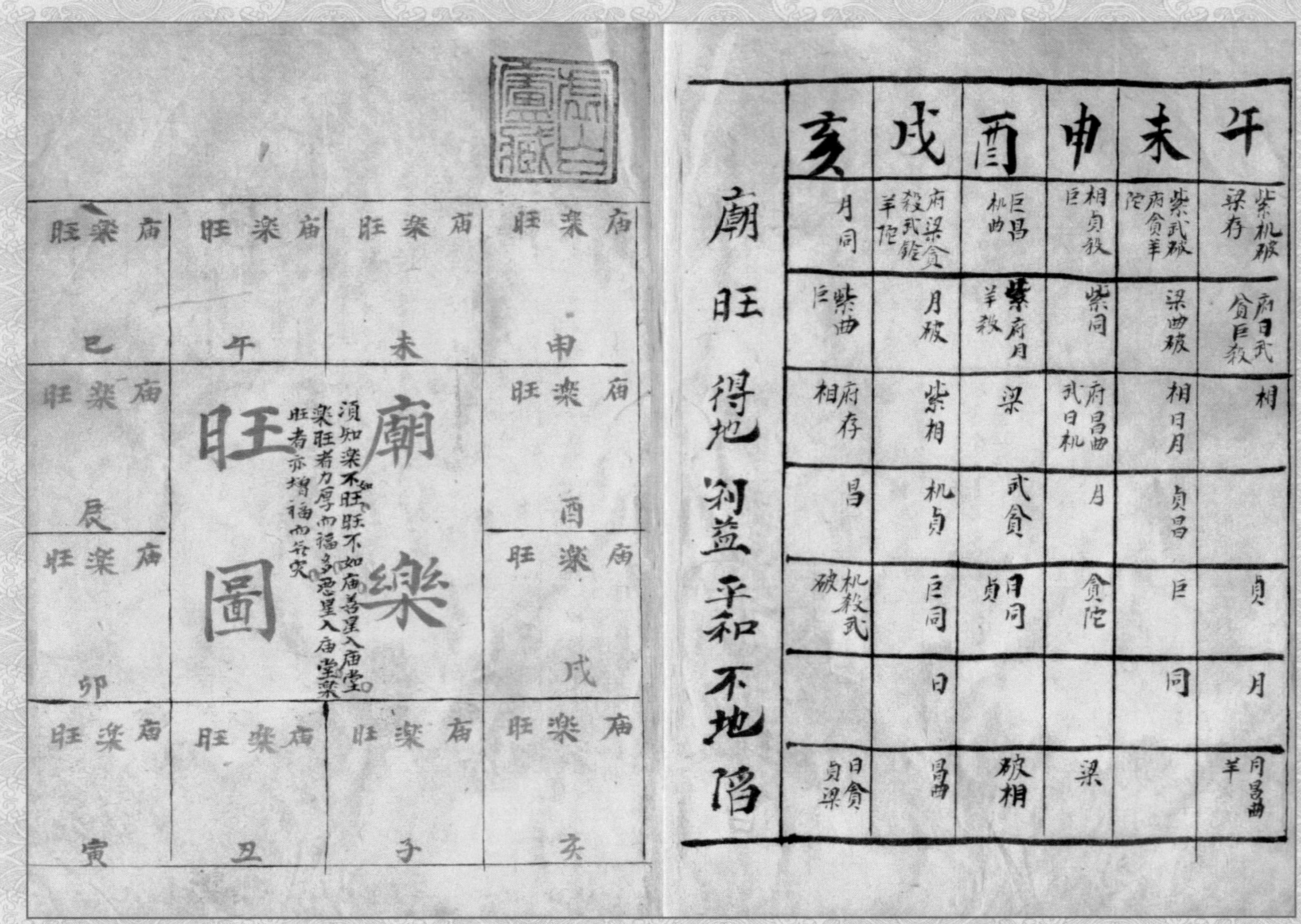

廟樂旺圖

須知樂不如旺旺不如廟善星入廟堂樂旺者力厚而福多惡星入廟堂樂旺者亦增福而咎災

巳	午	未	申
廟樂旺	廟樂旺	廟樂旺	廟樂旺

辰	酉
廟樂旺	廟樂旺

卯	戌
廟樂旺	廟樂旺

寅	丑	子	亥
廟樂旺	廟樂旺	廟樂旺	廟樂旺

	午	未	申	酉	戌	亥
廟	紫机破梁存	紫武破府貪羊陀	相貞殺巨	巨昌机曲	府梁貪殺武鈴羊陀	月同
旺	府日武貪巨殺	梁曲破	紫同	紫府月羊殺	月破	紫曲巨
得地	相	相日月	府昌曲武日机	梁	紫相	府存相
利益		貞昌	月	武貪	机貞	昌
平和	貞	巨	貪陀	日同貞	巨同	机殺武破
不地	月	同			日	
陷	月昌曲羊		梁	破相	昌曲	日貪貞梁

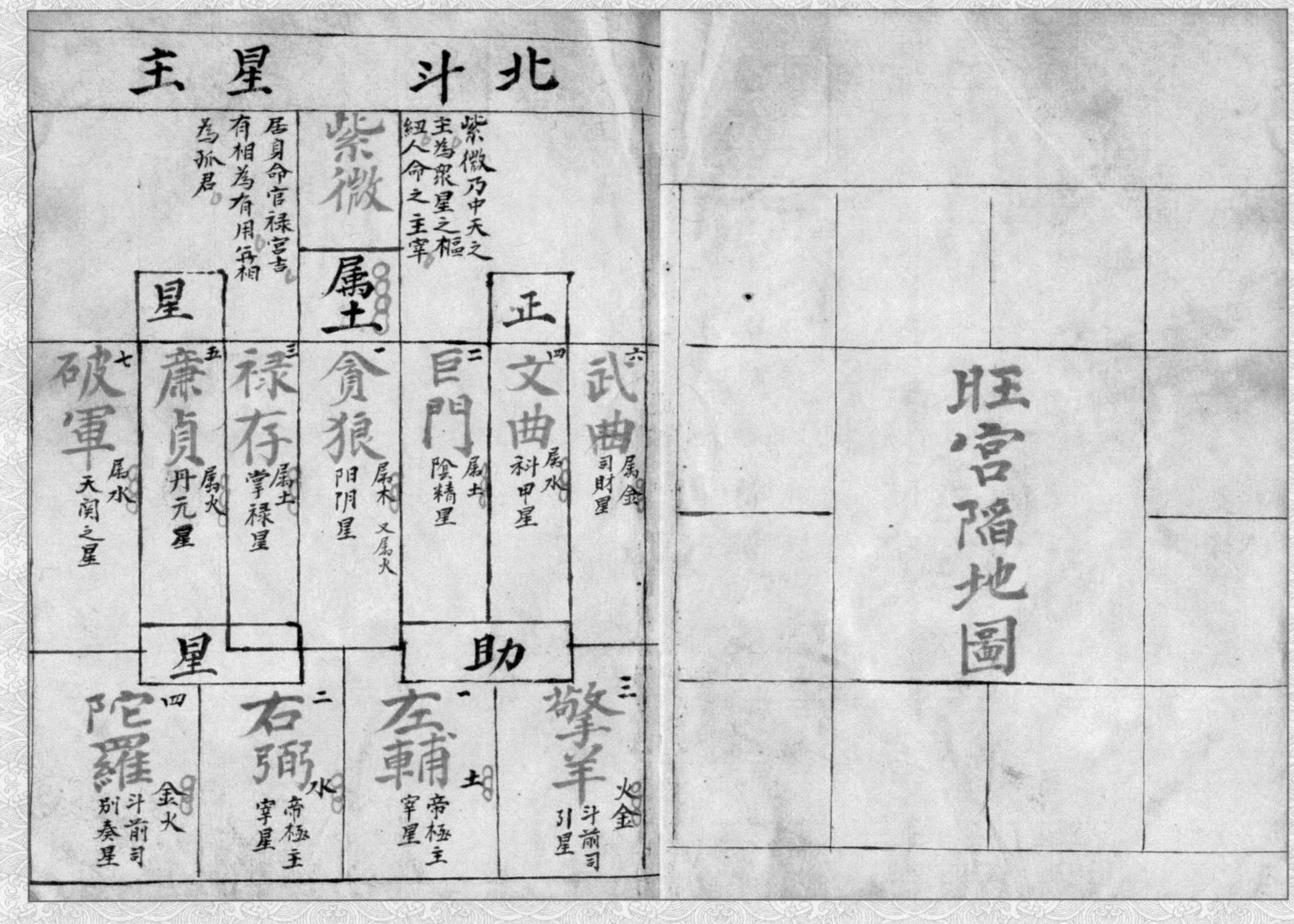
北斗主星
紫微乃中天之主為衆星之樞紐人命之主宰
紫微
屬土
居身命官祿宮吉有相為有用無相為孤君
正
星
七 破軍 屬水 天関之星
五 廉貞 屬火 丹元星
三 祿存 屬土 掌祿星
一 貪狼 屬木 又屬火 阳門星
二 巨門 屬土 陰精星
四 文曲 屬水 科甲星
六 武曲 屬金 司財星
星
助
四 陀羅 金火 斗前司 別奏星
二 右弼 水 帝極主 宰星
一 左輔 土 帝極主 宰星
三 擎羊 火金 斗前司 引星
旺宮陷地圖

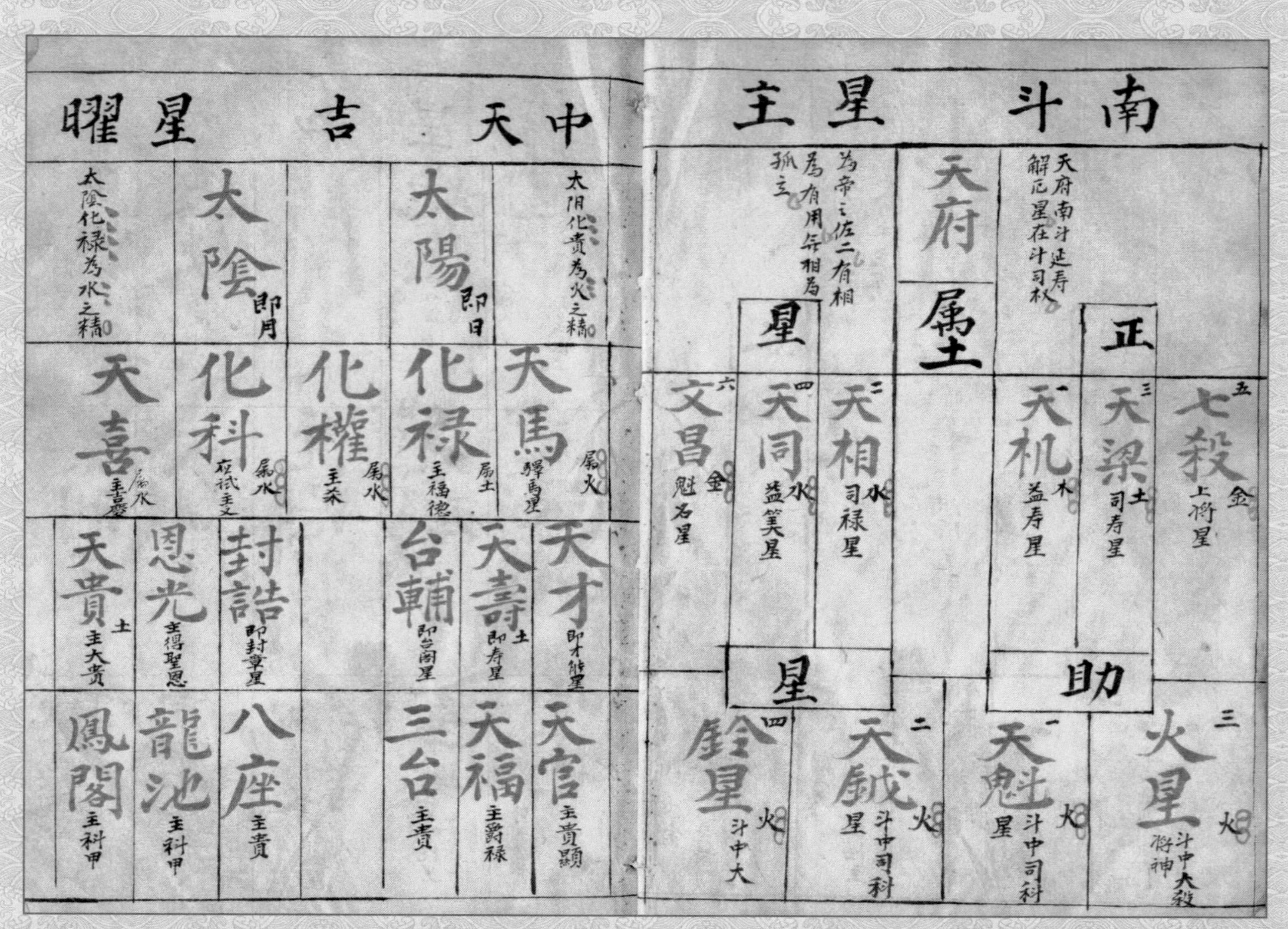

南斗主星

天府南斗延壽解厄星在斗司权

天府 屬土

為帝之佐二有相為有用無相為孤立

正星

五 七殺 金 上將星

三 天梁 土 司壽星

一 天机 木 益壽星

二 天相 水 司祿星

四 天同 水 益筭星

六 文昌 金 魁名星

助星

三 火星 火 斗中大殺將神

一 天魁 火 斗中司科星

二 天鉞 火 斗中司科星

四 鈴星 火 斗中大

中天吉星曜

太阳化貴為火之精

太陽 即日

太陰 即月

太陰化祿為水之精

天馬 屬火 驛馬星

化祿 屬土 主福德

化權 屬水 主殺

化科 屬水 應試主文

天喜 屬水 主喜慶

天才 即才能星

天壽 土 即壽星

台輔 即台閣星

封誥 即封贈星

恩光 主得聖恩

天貴 土 主大貴

天官 主貴顯

天福 主爵祿

三台 主貴

八座 主貴

龍池 主科甲

鳳閣 主科甲

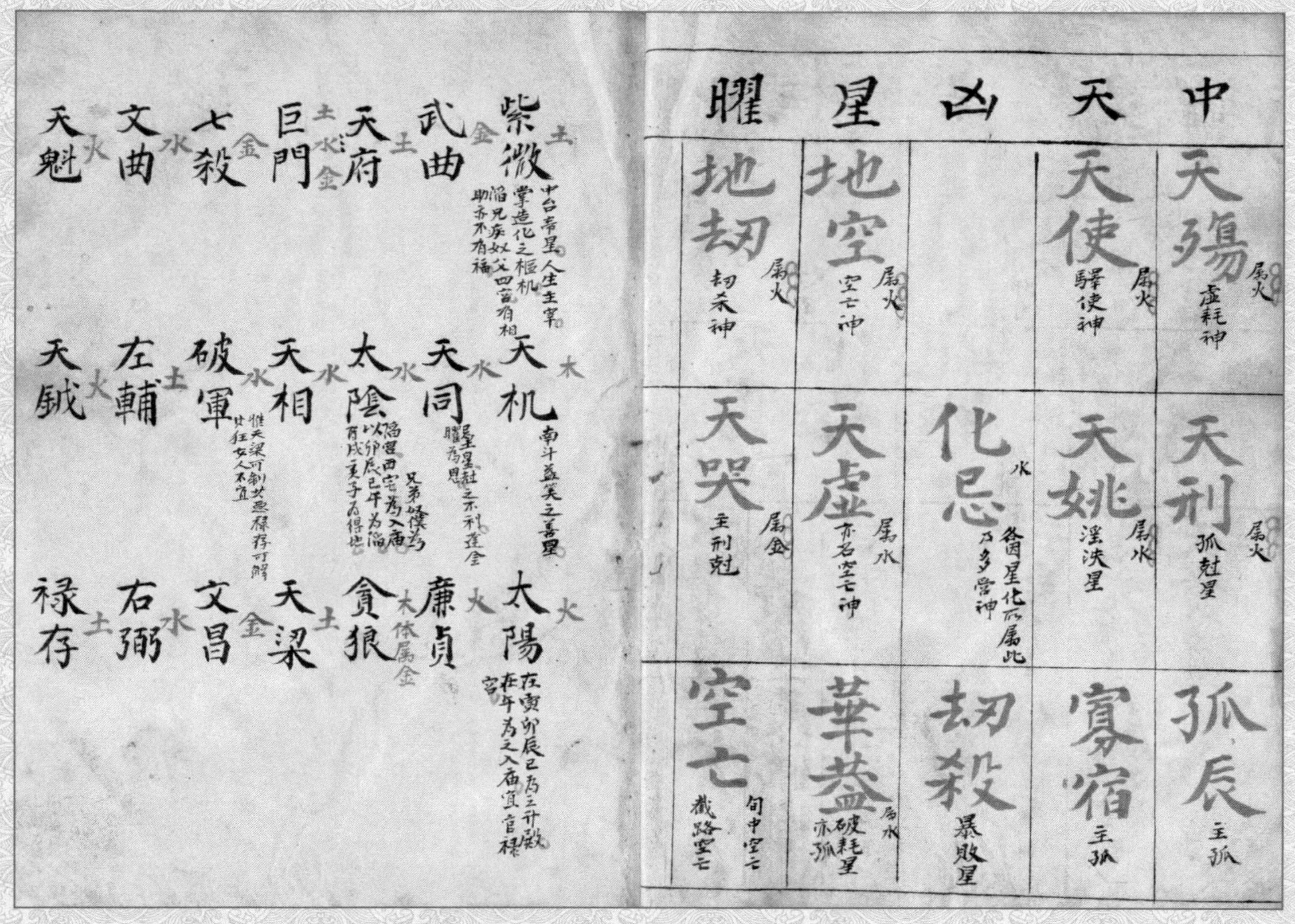

中天凶星曜

天殤 屬火 虛耗神
天使 屬火 驛使神
地空 屬火 空亡神
地刼 屬火 刼殺神
天刑 屬火 孤尅星
天姚 屬水 淫泆星
化忌 水 各因星化所屬此乃多管神
天虛 屬水 亦名空亡神
天哭 屬金 主刑尅
孤辰 主孤
寡宿 主孤
刼殺 暴敗星
華蓋 屬水 破耗星 亦孤
空亡 旬中空亡 截路空亡

紫微 土 中台帝星人生主宰掌造化之樞机陷兄疾奴父四宮有相助亦不有福
武曲 金
天府 土
巨門 土 水 金
七殺 金
文曲 水
天魁 火

天机 木 南斗益筭之善星
天同 水 福星遇之不利逢全星曜為恩
太陰 水 陷望四宮為入廟以卯辰巳午為陷有戌亥子為得地 兄弟媒僕為
天相 水
破軍 水 惟天梁可制其惡祿存可解其狂女人不宜
左輔 土
天鉞 火

太陽 火 在寅卯辰巳為之升殿在午為之入廟宜官祿宮
廉貞 火
貪狼 木 体屬金
天梁 土
文昌 金
右弼 水
祿存 土

天馬 水
化科 水
地空 火
陀羅 火 金
天刑 火
紅鸞 金 水
天空 火
吊客 火

化祿 土
化忌 水
天殤 火 水
火星 火
天姚 水 火 主男人喜淫貪花女人帶之月下偷情有吉星相助主人愛花
太歲 水
天使 水
白虎 金

化權 水
地劫 火 劫財无財劫命逢羊火同宮辛苦持家妨內室
擎羊 火 金
鈴星 火
天哭 金
大耗 火
喪門 木
官府 火

諸星所屬化變星

紫微屬土化貴 宜命宮官祿宮
太陽屬火化貴 主貴宜官祿宮
天同屬水化富貴 主祿宜福德宮
天府屬土化富 主富宜財帛宮
貪狼屬木化喜 主風騷宜官祿宮
天相屬水化印 主貴宜官祿宮
七殺屬金化權 諸宮不宜
左輔屬土 主貴宜紫微宮
文曲屬水化耗 宜身命宮
祿存屬土化富貴 宜身命官祿宮
火星屬火化暴 入命主刑災

天机屬木化喜 宜兄弟宮主好善
武曲屬金化權 主富宜財帛宮
廉貞屬火化囚 主囚祿宜官祿宮
太陰屬水化富 主富宜田宅宮財帛宮
巨門屬土化暗 主是非宜福德宮
天梁屬土化蔭 主壽宜父母宮
破軍屬水化耗 宜身命宮
右弼屬水 主貴宜紫微宮
文昌屬金化魁 宜身命宮
擎羊屬金化刑 入命主刑尅
鈴星屬火化暴 入命主刑災

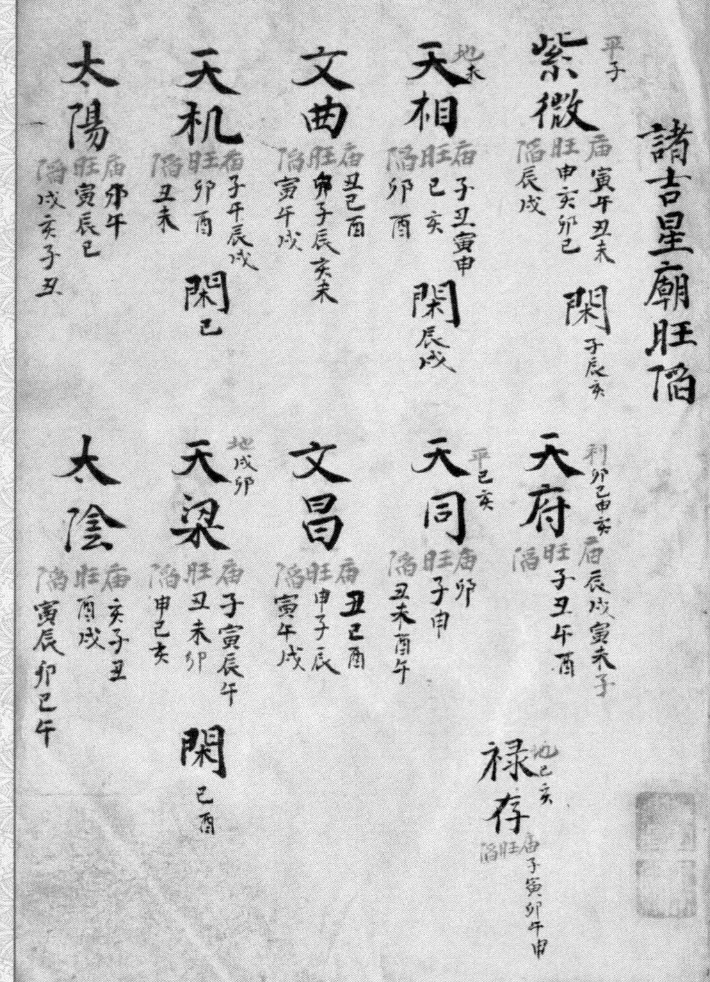

陀羅屬火化忌 入命主災悔

劫空屬火化耗敗 主不生財

○ 諸星廟旺訣

紫微天机午子宮
巳亥之中忌天同
子午寅申陰化吉
寅午戌上不豐隆
祿存切忌火空劫
二星八位互雷同
更有鈴星東南美
寅午戌中是廟宮
太陽巨相寅申中
廉貞最好未申廟
若還遇惡有何榮
破軍子午真得利
辰戌丑未擎羊雄
科權祿陷嫌加殺
天府七殺辰戌利
貪武天梁辰戌同
巳酉丑中昌曲貴
左右更喜紫微宮
寅申巳亥陀羅廟
若然遇火限亨通

諸吉星廟旺陷

紫微 平子 廟 寅午丑未 旺 申亥卯巳 陷 辰戌 閑 子辰亥

天相 地未 廟 子丑寅申 旺 巳亥 陷 卯酉 閑 辰戌

文曲 廟 丑巳酉 旺 卯子辰亥未 陷 寅午戌

天机 廟 子午辰戌 旺 卯酉 陷 丑未 閑 巳

太陽 廟 卯午 旺 寅辰巳 陷 戌亥子丑

天府 利 卯巳申亥 廟 辰戌寅未子 旺 子丑午酉 陷

天同 平巳亥 廟 卯 旺 子申 陷 丑未酉午

文昌 廟 丑巳酉 旺 申子辰 陷 寅午戌

天梁 地戌卯 廟 子寅辰午 旺 丑未卯 陷 申巳亥 閑 巳酉

太陰 廟 亥子丑 旺 酉戌 陷 寅辰卯巳午

祿存 地巳亥 廟 子寅卯午申 旺 陷

武曲 平巳亥 廟丑未戌 旺子午 陷　閑申　巨門 廟卯寅申 旺子亥午 陷辰戌巳未丑

天馬 廟寅申 旺巳亥 陷　左輔 廟旺陷

天魁 廟旺陷　右弼 廟旺陷

天鉞 廟旺陷　天才 廟旺陷

龍池 廟旺陷　紅鸞 廟旺陷

鳳閣 廟旺陷　天喜 廟旺陷

天貴　天福

天官　天壽

三台　八座

台輔　紅鸞

恩光　封誥

化祿　化權

化科

凶星廟旺陷

貪狼 廟辰戌未 旺子 陷申巳亥 閑寅申

破軍 廟子午 旺巳丑辰戌 陷寅申卯酉辰 閑巳申

陀羅 地子亥巳 廟寅辰戌 旺申丑未 陷卯酉

火星 地巳酉 廟寅午戌 旺丑未 陷刑子

天空 廟旺陷

廉貞 利辰戌 廟寅申 旺 陷巳亥丑未

擎羊 廟辰戌 旺丑未子申 陷卯午酉

七殺 平巳亥 廟辰戌丑未 旺子申卯午酉 陷 閑辰亥

鈴星 地辰巳未申 廟丑未 旺寅卯午戌 陷子酉

地空 廟旺陷

化忌

天傷 廟旺陷

天刑 廟寅酉戌 旺卯 陷

天虛 廟 旺丑卯 陷申

地劫 廟旺陷

桃花

孤辰

太歲

天使 廟旺陷

天哭 廟 旺丑卯 陷申

天姚 廟戌卯酉 旺 陷

劫殺

華蓋

寡宿

十二宮諸星生尅制化論 制化之論。亦与五星金木水火土相同。但明得五星生尅制化之論，規此一例而推，又何難之有哉。

寅卯辰屬木巳申屬土未午屬火酉戌屬金亥子丑屬水宮分各有所屬武曲屬金貪狼屬木廉貞屬火巨门屬土破軍屬水禀性各有分野凡看數者先取生旺墓庫次看星辰落在何宮　假如金入火鄉木入金鄉水入土鄉火入水鄉土入木鄉是為受制受剋為有化其福与禍亦不可執一例而推 此亦同五星一理例之不失分毫　如文昌金曜在午乃火鄉入廟謂之星臨廟位必是尅戰之机但不可差宮若得天机同位天机乃木曜木能生火逢土謂之有用餘做此

○又如文曲水曜在午逢文昌金曜同垣文昌文曲其氣相投謂之水火既濟亦有發輝若与破軍水曜同宮文昌受制是謂水多金沉雖入廟无用餘做此

○ 假如金入土鄉木入水鄉水入金鄉火入木鄉土入火鄉是謂得地雖陷有用

○ 又如廉貞火曜在卯木之鄉為木能生火得垣若武曲金曜与廉貞同度則武曲為財亦无用矣餘做此

○又如廉貞化忌在亥子丑水鄉則水能尅火雖忌無害餘做此

此五行生尅制化之理學者宜詳之 受制者謂有相尅也如金遇火之類

十二宮禄权科忌廟陷

屬水 子 為宝瓶　權得地　祿科不得地　忌不佳
丑 為磨蝎　祿权科得地　福盛不怕殺　忌不宜福溥
屬木 寅 為人馬　祿权科中平　福　有殺則破　忌不宜
卯 為天蝎　祿权科並吉　亦怕殺湊合　忌得地
辰 為天秤　祿权科最佳　殺破不為害　忌无力
巳 為双女　祿权科中平　福　忌凶
屬火 午 為獅子　科得地　祿权不得地　忌凶
未 為巨蟹　祿权科中平　福　殺冲反為害　忌无力
申 為陰陽　科权得地　祿不得地　忌吉
屬金 酉 為金牛　祿权科皆不得地　忌得地
戌 為白羊　祿权科得地　福厚且貴　忌凶
亥 為双魚　祿科得地　权不得地　忌不佳

十二宮諸星得地富貴

子宮得此太陰星　殺破昌貪文曲明　丑未紫破朝日月
未貞梁丑福非輕　寅宮最喜逢阳巨　七殺天同梁文清
卯上巨机為貴格　武曲守卯福豐盈　辰戌机梁非小神
戌宮天府累千金　巳亥天机天相貴　午破紫府梁俱榮
申宮貞巨阴殺美　酉戌亥上太阴停　卯辰巳午阳正
紫府破宿巳亥興　亥宮天府天梁吉　子宮机宿亦中平
七殺子午逢左右　文曲加之格最清　廉坐申宮逢輔二
貞廉化吉福尤興　武昌巳亥逢　六甲帥边庭
貪狼居卯酉　遇火作公卿　天机坐卯酉　寅月六丁榮
巨卯逢左右　六乙立边庭　巨坐寅申位　偏喜申庚生
二宮逢七殺　左右会昌星　辰戌遇三宿　必定位公卿

十二宮諸星失陷貧賤

丑未 巨机為下格　寅申 机阴福須輕　卯酉 不喜逢羊刃

辰戌 紫破最為嗔　巳亥 同梁貪貞陷　午 阴巨不堪称

申 貪武為下局　酉 机巨日无精　巳亥 貪狼居陷地

卯酉 破軍亦不清　卯辰巳午 阴难美　戌亥 逢阳亦不荣

加殺遇刼為奸盜　此係刑邪不必論　貪狼化祿居四墓

雖然遇吉亦中平　命纏弱地休逢忌　空刼擎羊加火鈴

若非妖折主下賤　六 之命不可憑　旺地發福終遠大

陷地崢嶸到底傾

十二宮諸星得地合格

子安命　子宮貪狼殺明星　机梁相拱福興隆

庚辛乙癸生人美　一生富貴足豐盈

丑安命　丑宮立命日月朝　丙戊辛人福祿饒

正坐平常中局論　对宮富貴禍皆

寅安命　寅宮巨日足豐隆　七杀天梁百事通

甲己庚人皆為吉　男子為官女受封

卯安命　卯宮机巨武曲逢　辛乙生人福氣隆

男子為官廩廩祿　女人享福受褒封

辰安命　辰位机梁坐命宮　天府戌地最豐盈

腰金衣紫真榮顯　富貴榮華直到終

巳安命　巳位天相天机臨　紫府朝垣福更深

戊辛壬丙皆為貴　一生順遂少災侵

午安命　午宮紫府太阳同　机梁破殺喜相逢

甲丁巳癸生人福　一世風光廩祿豐

未安命　未宮紫武廉貞同　阳阴巨门喜相逢（冲亦可）
女人值此全福壽　男子逢之位三公

申安命　申宮帝紫貞梁同　武曲巨门喜相逢
甲庚癸人如得遇　一生富貴逞英雄

酉安命　酉宮正喜太阴逢　巨阳又逢當面冲
辛乙生人為貴格　一生福祿永亨通

戌安命　戌宮紫破对冲辰　富而不貴有虛名
更加吉曜多權祿　只利開張貿易人

亥安命　亥宮巨喜太阴逢　若人值此福祿隆
甲乙逢之皆称意　富貴榮華直到終

十二宮諸星失陷破格

子丑安命　子火天机丑巨鈴　此星落此陷為真
縱然化吉非為美　任他富貴不清寧

寅安命　寅上机昌曲阴逢　雖然吉拱不豐隆
男為伴僕女娼婢　若非夭折即貧窮

卯辰安命　卯上太阴羊刃逢　辰宮巨宿紫微同
縱然化吉非全美　若加殺忌到頭凶

巳安命　巳宮武阴天梁巨　貪宿廉貞共到蛇
三方吉曜皆不貴　下賤貧窮度歲華

午安命　午宮貪巨阴昌從　羊刃三合最嫌冲
雖然化吉居仕路　橫破橫成到老窮

未安命　未宮巨宿太阳藏　縱火灾危有尅傷
劳禄奔波官事擾　隨緣下賤度時光

申酉安命　申宮机阴貪同貞　男人　女人貪

戌安命　酉上巨阳兼武破　男女逢之總不榮
戌位紫微文昌逢　天同太阴皆主凶
男女孤寒更夭折　隨緣勤苦免貧窮
亥安命　亥宮貪火天同梁　飄蓬浪蕩走西東
若還富貴　年　不然隸僕多孤窮

男女合婚秘訣　成親時当算之

男三分命　女九分女作主　正配。
女九分　男九分　女三分　正婚。男作主掌家。
女六　男三　各半。
男三　女三　成女不成男。
男六　女六　生男多。女少。　男三　女六
男九分命　女九分命　兒女難成相生成人。

男六　女六
女九　男三　生男難成人即成人尅父。
男見九真男　男見三女胎　男女見六皆生男
女見三真女　女見九男胎
此法按生月生日算　用三因九歸除法
因從尾上起
除從頭上起
如人七月初四日生　六分命。三四一十二　三七二十一　先用三因　後用九歸除　因了　除了
按位子是七四。因法因了　二九一十八。除八有二。四九除三十六。除六有四。四下五十五。几六除
如人五月初六日生　六分命

六十花甲納音

甲子乙丑海中金 沉潛　丙寅丁卯炉中火 發輝　戊辰己巳大林木 茂盛
庚午辛未路傍土 成形　壬申癸酉劍鋒金 鋒鋭　甲戌乙亥山頭火 休息
丙子丁丑澗下水 未通　戊寅己卯城頭土 成物　庚辰辛巳白蠟金 滿發
壬午癸未楊柳木 誇逞　甲申乙酉泉中水 息静　丙戌丁亥屋上土 成物
戊子己丑霹歷火 號令　庚寅辛卯松栢木 氣旺　壬辰癸巳長流水 勢盛
甲午乙未沙中金 盾隐　丙申丁酉山下火 形藏　戊戌己亥平地木 藏伏
庚子辛丑壁上土 閉塞　壬寅癸卯金箔金 柔弱　甲辰乙巳覆燈火 高明
丙午丁未天河水 升降　戊申己酉大驛土 息　庚戌辛亥釵釧金 贏盾
壬子癸丑桑柘木 盤屈　甲寅乙卯大溪水 滔注　丙辰丁巳沙中土 阻
戊午己未天上火 光輝　庚申辛酉石榴木 成實　壬戌癸亥大海水 汪洋

金四局

巳	午	未	申
初六 十六 十九 廿五	初十 二十 廿三 廿九	十四 廿四 廿七	十八 廿八
辰：初二 十二 十五 廿一	紫微金宫四歲行　初一尋猪二歲龍　順進二步逆退一　先陰后陽是其宫　惟有初二辰上起　進三退四逆行踪		酉：廿二
卯：初八 十一 十七			戌：廿六
寅：初四 初七 十三	丑：初三 初九	子：初五	亥：初一 三十

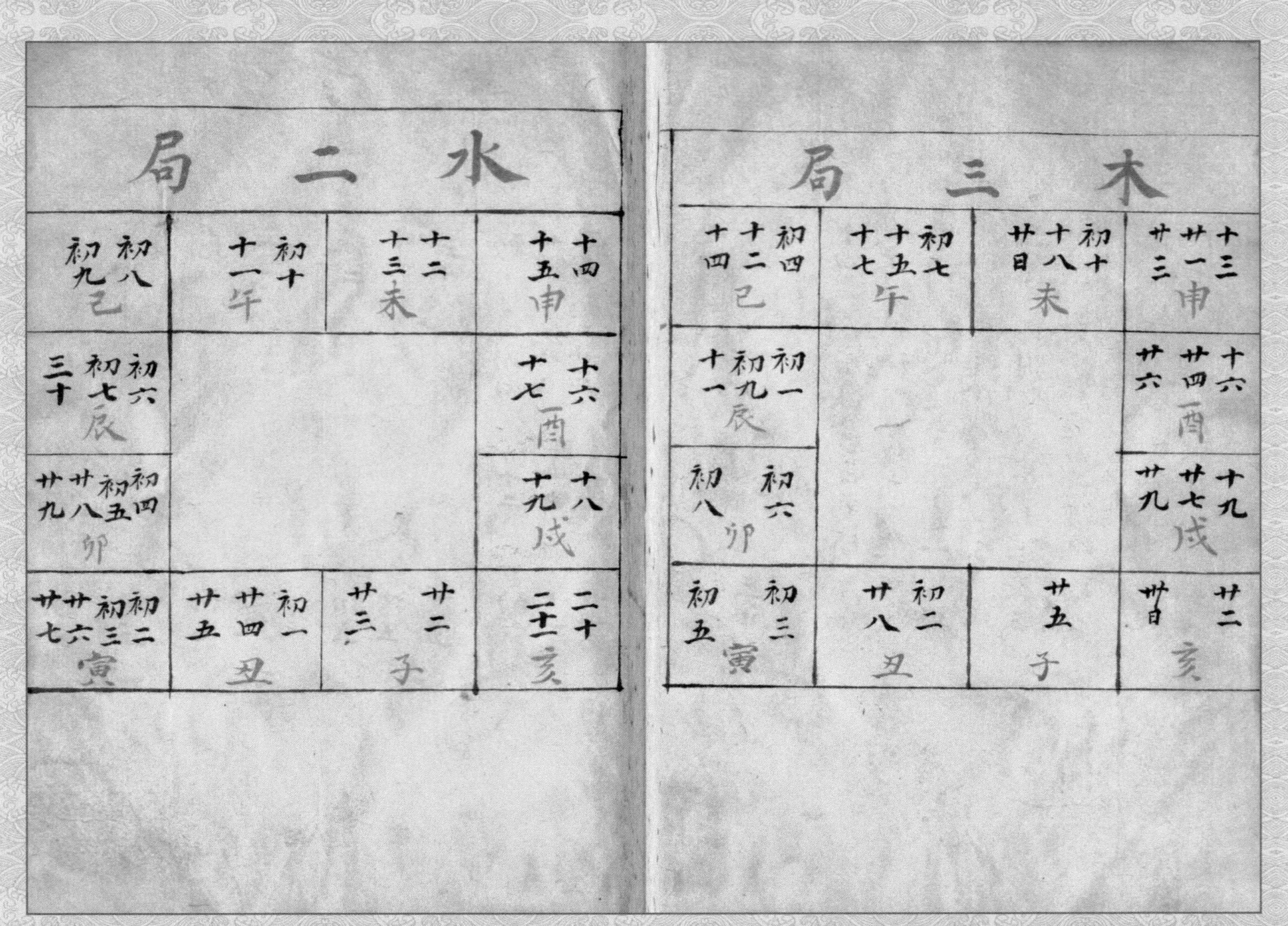

木三局

初四 十二 十四 巳	初七 十五 十七 午	初十 十八 廿日 未	十三 廿一 廿三 申
初一 初九 十一 辰			十六 廿四 廿六 酉
初六 初八 卯			十九 廿七 廿九 戌
初三 初五 寅	初二 廿八 丑	廿五 子	廿二 卅日 亥

水二局

初八 初九 巳	初十 十一 午	十二 十三 未	十四 十五 申
初六 初七 三十 辰			十六 十七 酉
初四 初五 廿八 廿九 卯			十八 十九 戌
初二 初三 廿六 廿七 寅	初一 廿四 廿五 丑	廿二 廿三 子	二十 二十一 亥

土五局

巳	午	未	申
初八 二十 廿四	初一 十三 廿五 廿九	初六 十八 三十	十一 廿三
辰			酉
初三 十五 十九 廿七			十六 廿八
卯			戌
初十 十四 廿二			廿一
寅	丑	子	亥
初五 初九 十七	初四 十二	初七	初二 廿六

火六局

巳	午	未	申
初十 廿四 廿九	初二 十六 三十	初八 廿二	十四 廿八
辰			酉
初四 十八 廿三			初一 二十
卯			戌
十二 十七 廿七			初七 廿六
寅	丑	子	亥
初六 十一 廿一	初五 十五 廿五	初九 十九	初三 十三

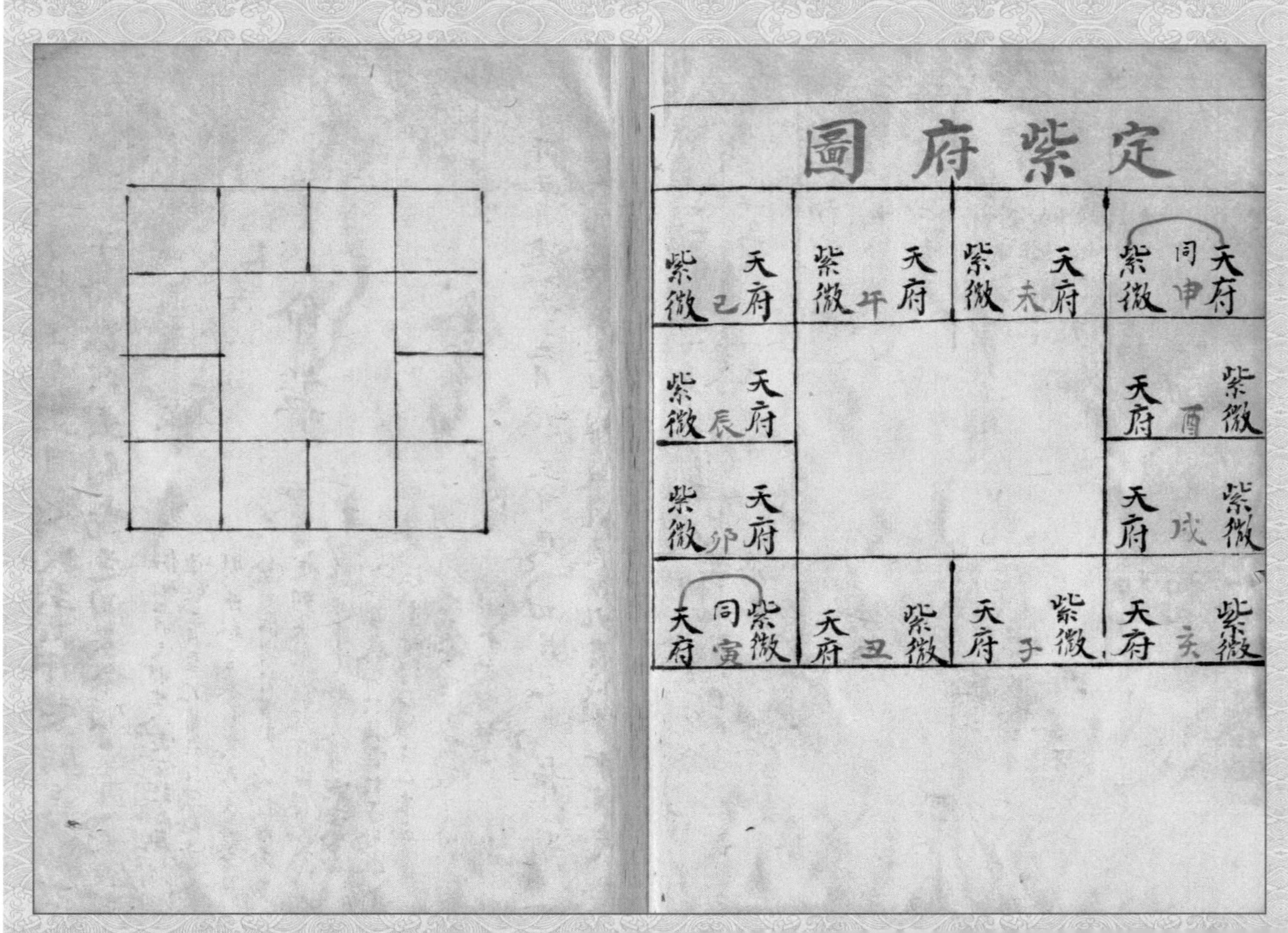
定紫府圖
天府 紫微 巳
天府 紫微 午
天府 紫微 未
天府 同 紫微 申
天府 紫微 辰
紫微 天府 酉
天府 紫微 卯
紫微 天府 戌
紫微 同 天府 寅
紫微 天府 丑
紫微 天府 子
紫微 天府 亥

安身命訣

身命分宮

斗柄建寅正月起
子時數到生時止
數至生月起時辰
逆回安命順安身

巳	午	未	申
辰	命盤		酉
卯			戌
寅	丑	子	亥

假如二月辰時生人寅宮起正月順數二月至卯即於卯宮起子時逆數至辰到亥即亥宮安命 仍於卯宮起子時順數至辰到未即於未宮安身

又如三月亥時生人自寅宮順數三月至辰即於辰宮起子時逆數亥時到巳即於巳安命 仍於辰宮起子順數亥時到卯即於卯宮安身

年年正月建寅 二月卯 三月辰 四月巳 五月午
六月未 七月申 八月酉 九月戌 十月亥
十一月子 十二月丑 順行

凡看命先自寅宮起正月順數至本人生月止即於生月之上起子時
逆數至本人生時安命

身命同宮

巳	午	未	申
辰	命盤		酉
卯			戌
寅	丑	子	亥

又身命同宮者假如正月子時生人則正月為寅即於寅宮起子時故身命同安寅宮如正月午時生人亦寅宮起子時逆數午時到申又寅宮起子時順數午時亦到申故身命同安申宮餘做此宜細玩之

又於生月之上起子順數至本人生時止即安身不論陰陽一例
加行

一安命

凡看命先自寅宮起正月順數至本人生月止即於生月上起子時逆數至本人生時安命

二安身

又於生月上起子順數至本人生時止即安身不論男女一例而行

三定六親

一命宮　二兄弟　三夫妻　四子息　五財帛　六疾厄

七迁移　八奴僕　九官祿　十田宅　十一福德　十二父母

凡命不問男女皆以命宮為主逆行佈十二宮中　如命立子宮則亥為兄弟宮戌為夫妻宮餘倣此

四定五局訣

身命既定要佈局　三合对冲始有分
數至本命五局明　次將遁甲納音數

身命既定之後，即以命宮為主，分对冲三合。如命在子，即以午為对宮，以申辰為合照，餘倣此

定五局例 以天干

甲○己○之年丙寅首　乙○庚之歲戊寅頭
丙辛便向庚寅起　丁○壬壬寅順行流
惟有戊癸向方起　甲寅之上去尋求

凡命不論男女，皆自寅宮遁甲納音，順數至命宮，便定五行局

定五局長生 陽順佈陰逆佈 即男命順數，女命逆數，此后説不必遵

又二法：陽男順行，陰男逆行，陽女逆行，陰女順行。此説可遵。

金生巳　木生亥　火生寅　水土生申

長生　沐浴　冠帶　臨官　帝旺　衰　病　死　墓　絕　胎　養

安紫微天府

局定生日逆佈紫　对宮天府順流行
惟有寅申同一位　其餘丑卯互安星

五局既定之后，即在前五局圖內，尋本人生日上安紫微，其天府与紫微厨对丑安。如正月初五日生人，命屬金四局，即看金四局圖內初五在子，則在子宮安紫微，厨对辰宮安天府。如初三日生人，命屬金四局，即看金四局圖內初三在丑卯，在丑宮安紫微，厨对卯宮安天府，餘倣此

佈南北二斗諸星 以紫微為主

紫微天机星逆行　隔一陽武天同情
又隔二位廉貞位　空三便是紫微星

如紫微在寅宮，則逆行丑宮安天机，隔子宮一位，亥宮安太陽，戌宮安武曲，酉宮安天同，又隔申未二宮，至午宮安廉貞，又空巳辰卯三宮，便見寅宮紫微矣，餘倣此

天府太陰順貪狼　巨門天相與天梁
七殺空三破軍位　隔宮望見天府鄉

如天府在寅宮順行卯宮安太陰辰宮安貪狼巳宮安巨門午宮安天相未宮安天
梁申宮安七殺隔酉戌亥三宮在子宮安破軍隔丑一位是寅宮天府矣餘倣此

辰上順正尋左輔　戌上逆正右弼堂　辰上順時尋文曲
戌上逆時覓文昌　亥上子時順安劫（劫地）　逆行便是地空亡
數至生月生時住　十二宮中仔細詳

凡命不拘男女辰宮起正月順數至本人生月安左輔戌宮起正月逆數至本人生月安右
弼　如正月生人即在辰宮安左輔戌宮安右弼餘倣此
安文曲二星亦不拘男女辰宮起子時順數至本人生時安文曲戌宮起子時逆
數至本人生時安文昌　如子時生人即在辰宮安文曲戌宮安文昌餘倣此
安劫空二星亦不拘男女俱在亥宮起子順數至本人生時安劫亥宮起子逆
數至本人生時安空

定祿權科忌四化訣

甲廉破武陽　乙機梁微陰　丙同機昌廉　丁陰同機巨
戊貪陰弼機　己武貪梁曲（畬）　庚陽武陰同　辛門陽曲昌
壬梁紫左武　癸破門陰狼

凡命不問男女但屬甲年生人則廉貞下安祿　破軍下安權　武曲下安科　太陽下安忌
如乙年生人則天機下安祿　天梁下安權　紫微下安科　太陰下安忌　餘倣此

安天殤天使

此星限內逢之必主凶夭無吉相解必死

命后六位為天使　命前六位為天殤
大限相逢遇小限　此星乃是活閻王

以命宮為主　如命立寅宮以後六位在酉即酉宮安天使前六位在未即未宮安天殤
餘倣此

安天魁天鉞

此為玉堂貴人惟辰戌二宮不臨之地

甲戊庚牛羊（丑未二宮）　乙己鼠猴鄉（子申二宮）　丙丁豬雞位（亥酉二宮）
壬癸兔蛇藏（卯巳二宮）　六辛逢馬虎（午寅二宮）　此是貴人鄉

不拘男女皆以生年為主　如甲戊庚年生人則丑安天魁未安天鉞　乙己生人子
宮安魁申宮安鉞餘倣此

安祿存擎羊陀羅

甲祿到寅宮　乙祿居卯府　丙戊祿在巳　丁己祿居午

庚祿定居申　辛祿酉上補　壬祿亥中藏　癸祿居在子
祿前一位是擎羊　祿後一位陀羅府
以生年為主　如甲生人寅宮安祿存　乙生人卯安祿存餘倣此
○羊陀二星以祿存為主　如祿存在寅前一位是卯宮即安羊　後一位丑宮即安陀羅餘倣此

安火鈴星
申子辰人寅火戌鈴　寅午戌人丑火卯鈴
巳酉丑人戌火卯鈴　亥卯未人酉火戌鈴
以生年十二支為主　如申子辰年生人自寅宮起子時順數至本人生時安火　自戌宮起子時順數至本人生時安鈴　如甲申年丑時生人則卯宮安火　亥宮安鈴餘倣此

安天馬　喜長生臨官祿貴。忌空絕病孤寡。
申子辰人馬居寅　寅午戌人馬居申
巳酉丑人馬居亥　亥卯未人馬居巳
以生年十二支為主　如申子辰年生人則寅宮安天馬　寅午戌年生人則申宮安天馬餘倣此

安紅鸞天喜
紅鸞卯上子年起　逆行數至生年止
運限命逢偏有喜　对宮即是天喜星
不問男女皆自卯宮起子年逆數至本人生年安紅鸞　对宮安天喜　如乙丑生人則逆行寅宮安紅鸞申宮安天喜餘倣此

安天姚天刑
天姚丑上順正月　天刑酉上正月輪
數到生月皆住腳　便安刑姚二星辰
如正月生人即在丑宮安天姚酉宮安天刑　如二月生人自丑數至寅宮安姚　自酉數至戌安刑餘倣此

安命主　即本命主照星君
子屬貪狼丑亥門　門即巨門　寅戌生人屬祿存
卯酉屬文巳未武　文即文曲　辰申廉貞午破軍

如屬子年生人則貪狼為命主星　丑亥年生人巨门為命主星餘倣此

定身主　即本身主照星君

子午生人鈴火宿　丑未天相寅申梁
卯酉天同是身主　巳亥天机辰戌昌

如子午年生人則鈴星為身主　丑未生人天相為身主　餘倣此

安三台八座

三台左輔順初一　數至生日是台宮
八座右弼逆初一　數至生日定其踪

以前左輔右弼二宮為主　如初五生人左輔在子宮自子宮起初一順數至辰即初五
就於辰宮安三台　如初五日生人右弼在寅宮自寅宮起初一逆數至午宮初五止是
午宮安八座餘倣此

安龍池鳳閣

龍池起子順行辰　生年便是福元真
鳳閣戌上逆數子　遇至生年是吉神

不論男女皆以辰戌二宮為主　如甲子生人於辰宮安龍池戌宮即安鳳閣　如乙丑
生人則自辰宮起子年順數至巳宮為丑即安龍池自戌宮起子年逆數酉宮為丑
即安鳳閣餘倣此

安天才天壽台輔封誥

命宮起子天才順　身宮起子天壽堂
曲前三位是台輔　曲後三位封誥鄉

此二星安法以生年為主如卯
數至生年安

如甲子年生人命立寅宮則天才在寅　身立午宮則天壽在午　如乙丑年生人命立寅宮則自
寅宮起子年順數至卯為丑即安天才在卯　如身立午宮則自午宮起子年
順行至未宮為丑即安天壽在未餘倣此　如本命文曲在子宮則前三位寅
宮安台輔　后三位戌宮安封誥　餘倣此但以文曲為主

安恩光天貴

文昌順數至生日　退后一步是恩光
文曲順數至生日　退后一步天貴場

如初五日生人文昌在子宮則自子宮起初一數至辰宮為初五退一后一步至卯
宮即安恩光　如文曲在午宮則自午起初一順數至戌宮為初五退后一步至
酉宮即安天貴餘倣此

安天官 貴人

甲未乙龍壬犬宜　丙蛇丁虎巳辛雞
戊兎庚猪癸宜馬　其人貴顯可先知

以生年十干為主　如甲生人則未宮安天官　乙生人則辰宮安天官　餘同此

安天福 貴人

甲愛金雞乙愛猴　丁猪丙鼠巳寅頭
戊尋玉兎庚壬馬　辛癸逢蛇爵祿優

以生年十干為主　如甲生人則酉宮為天福　乙生人則申宮安天福　餘同此

安生年太歲天空　空星喜空 若得位亦貴 主外方發
如子年生人則子宮安太歲　丑年生人則丑宮安大歲　餘同此

駕前一位是天空　身命原來不可逢　此生年太歲不必安。
二主祿存若值此　閻王不怕你英雄　但安天空而已。

駕前謂太歲前也　如子年生人則子宮安太歲　前一位丑宮即安天空　餘同此
二主命主身主星也　又安法從亥逆四生時便是天空御。

定旬中空亡　如人命生年自甲子至癸酉十年內生人俱係甲子旬中則戌亥二宮路空餘同此　空亡在陽宮為空在陰宮為亡本二星

甲子旬中空戌亥　甲戌旬中空申酉　甲申旬中空午未
甲午旬中空辰巳　甲辰旬中空寅卯　甲寅旬中空子丑

定截路空亡

甲己之歲空申酉 正空　乙庚之歲午未求　丙辛生命空辰巳
丁壬寅卯最堪憂　戊癸生人空子丑　命犯空亡萬事休

如甲己生人則申酉二宮落空　又有正空旁空之說
如己生人酉為正空申為旁空　餘同此
如甲生人申為正空酉為旁空

定天哭天虛

天哭天虛起午宮　午宮起子兩分蹤
哭逆巳行虛順未　生年尋到便居中

以生年十二支為主　如辰年生人則自午宮起子年逆行巳宮至寅為辰
即安天哭　自午宮起子年順行未宮至戌宮為辰
如子年生人即在午宮安二星　便安天虛　餘倣此

安刼殺　今斗數上無此星或安或不安皆可

申子辰兮蛇開口　亥卯未兮猴速走
寅午戌兮猪面黑　巳酉丑兮虎哮吼
以生年看　如甲子辰年生人則巳宮安刼殺餘同此

安華蓋　此星主孤又主淫　壬伯子祿馬相值作路彼任足富貴官宦女花前月下約佳期　歌曰　倘逢華蓋火人知此星終是衆人妻戊己怕巳

申子辰人辰上安　巳酉丑人丑上藏
亥卯未人未上是　寅午戌人戌上當
以生年為主　如甲子辰年生人則辰宮安華蓋餘同此

安桃花殺

寅午戌兔從茅裡出　申子辰雞叫乱人倫
亥卯未鼠子當頭忌　巳酉丑躍馬南方走
以生年為主　如寅午戌年生人卯宮安桃花餘倣此

安大耗殺　此星安亦可不安亦可多不安以其十二神中有也

鼠忌羊頭上　牛嗔馬不耕　虎嫌雞喙短　兔怨猴不聲
龍憎猪面黑　蛇驚犬卧蕳　有人犯此殺　財食散伶仃
以生年為主　如子年生人未宮安大耗餘倣此

安孤辰寡宿　男逢孤辰猶切忌　女逢寡宿独自眠

寅卯辰人安巳丑　巳午未人怕申辰
申酉戌人居亥未　亥子丑人寅戌嗔
以生年十二支為主　如寅卯辰年生人即在巳宮安孤辰丑宮安宿寡餘倣此

安生年十二神　多不安也

太歲太陽喪門起一二三　太陰官符死符比四五六
歲破龍德白虎神七八九　福德弔客病符止十十一十二
以生年為主　如甲子生人不問男女即在子宮安太歲順行一宮安一神餘倣此

安生年博士十二神 博士聰明力士權青龍喜氣小耗(?)將軍威猛不和奏書福 蜚廉主孤喜神延病符帶疾耗退祖伏兵官符口舌纏

博士力士青龍小 小即小耗

喜神病符大耗星

將軍奏書飛廉杏

伏兵到處官符了

凡命皆以宮中祿存為主 如阳男阴女祿存在寅宮則從寅宮起博士順行一宮安一神 如阴男阳女逆行亦一宮安一神餘倣此

定大限

大限就從局數數　男女順逆分陽陰

陽男陰女順推數　陰男陽女逆行真

此以命宮為主 如阳男阴女命立子宮屬金四局即在子宮起四歲順行丑宮為十四每十年遇一宮餘倣此 阴男阳女逆行

定小限

寅午戌人辰上起　申子辰人戌上推

亥卯未人丑上是　巳酉丑人未上歸

以生年為主 如寅午戌生人俱自辰宮起一歲一年過一宮男順女逆餘倣此

此亦一年之休咎

安天德月德解神

天德從酉上起子順數至流年太歲上止

月德從子上起子順數至流年太歲止止

解神從戌上起子逆數至當生年太歲上止

安流年斗君

太歲宮中便起正　逆尋生月即留停

又從生月宮輪子　順到生時安斗君

如流年甲子太歲在子即從子宮起正月逆數至本人生月上止即於生月上起子時順行數至本人生時上止即於生時上安斗君 如看流年吉凶即從斗上起正月順行逐月遇吉凶而斷 若看逐月逐時吉凶即在月上起初一日上起子時皆順行

安流年文昌

甲蛇乙馬報君知　丙戊申宮丁己雞

庚猪辛鼠壬逢虎　癸人見兔步雲梯

以流年十干為主 如甲子流年則天昌在巳乙丑流年則文昌在午餘同此

安飛天三殺 即奏書將軍直符

寅午戌年飛入亥卯未宮　申子辰年飛入巳酉丑宮

亥卯未年飛入申子辰宮　巳酉丑年飛入寅午戌宮

奏書主口舌禍來侵 將軍飛入悔驚心 直符官災終不免 此是流年三殺神

論流年太歲

年犯太歲如子年生人本歲又在子月犯太歲如子月生人太歲亦在子日時亦然 歲君乃諸神相遇不利運限逢之若得紫府昌曲輔弼魁鉞扶持災或少但當有六畜之失若與羊陀忌鈴空劫相沖身命必主人離財散喪亡 惟有女懷六甲更好 逢南斗生男遇北斗生女

安喪門吊客白虎官府

流年太歲前二位是喪門后二位是吊客喪門对照安白虎吊客对照安官府

安流祿流羊流陀訣

論流年太歲 假如己丑流年流祿在午流羊在未流陀在巳 如甲子生人安命在巳小限又行在亥或七杀坐小限羊又在卯宮却是三方四正俱見擎羊流羊流陀又七杀重逢必遭毒禍此乃累試之驗訣也

又論迭劫迭殺迭七殺 如命中三合有七杀守照而流年又遇流羊流陀冲照曲七杀重逢者為害最毒入廟尚輕如陷地逢忌又卯酉忌羊為閑宮午生人不利然七杀逢吉星多亦轉凶為吉不可一概謂凶 羊陀七殺逢紫相祿存三合拱照可解

天干相同即迭劫地支相同即迭殺此殺亦要三方有吉則吉有凶則凶若本宮無吉又有惡殺則不吉耳 如丁巳癸生人行限重見丁巳癸即是迭劫 巳酉丑生人行限重見巳酉丑即是迭殺

又如巳酉丑生人原有七殺再逢巳酉丑即是迭七殺羊陀亦然 餘倣此

如寅午戌三方祿权科拱或府相諸吉拱照再逢寅午戌人行限遇吉更吉

論羊陀迭併 如庚生人命在卯並移在酉宮如遇羊陀而庚祿居申流羊在酉流陀在未是命在卯宮原有酉宮之羊冲合流年又遇流羊流陀謂之羊陀迭併

羊陀迭併難逃避　七殺重逢后世回　二限俱逢于陷地　十人遇着九人悲

飛入流年七殺与羊同行凶命中三合有七殺流年羊刃到命是也若陷地逢惡卯酉二宮更凶宮垣不利也如庚生人命在卯立移在酉羊流年丁巳禄居午羊在未庚禄居申羊在酉癸禄居子陀在亥申禄在寅羊在卯是也

定竹羅三限訣

只論三方殺破狼　竹羅三限此中詳　若加巨暗凶星會　大小限遇入泉鄉

凡大小二限三方四正遇七殺破軍貪狼三星并巨暗及流年太歲決凶不權交会其年必凶

論二限天羅地網

天羅地網遇火陀　二限逢之禍患多　須教魂魄見閻羅　若是命中五星弱

大小二限到辰戌二宮故凶辰宮為天羅宮戌宮為地網宮大小二限入之可憂又于平云凡火命人逢戌亥是為天羅水土命人逢辰巳是為地網乃五行墓絶处所乃昧暗不明不快之謂若金木生人命天羅地網之說此說可不尊也

定富局

財蔭夾印　相守命武梁來夾是也田宅宮亦然

馬夾財祿　馬守命武祿來夾是也逢生旺尤妙

日月照壁　日月臨田宅宮是也喜居墓庫

定貴局

日月夾命　不坐空亡更遇本宮有吉是也

月落亥宮　月在亥守命是也又名月朗天門格

輔弼拱主　紫微守命二星來拱是也夾之亦然

財印夾祿　祿守命梁相來夾財官二宮亦然

祿馬交馳　二星臨身命更得吉化同垣是也

坐貴向貴　謂魁鉞在命宮迭相坐拱是也

七殺朝斗　寅申子午安身命值七殺是也

日月夾財　武守命日月來夾是也財帛宮亦然

蔭印拱身　身臨田宅宮梁相拱沖是也怕生空

金燦光輝　太陽單守命宮或單守午宮亦然

日出扶桑　日在卯守命是也守官祿宮亦然

月生滄海　月在子守田宅宮是也

君臣慶會　紫微左右同守是也更会府相武同臨身命是也

鴛鴦祿會

祿馬佩印　馬前有祿印星同宮是也

馬頭帶劍　謂馬前有刃是也不是刃居午

日月並明　日月同宮守命是也或日巳月酉來朝亦然

刑囚夾命　天刑廉貞同臨身命主武勇

武曲守垣　武曲守命卯宮是也餘不是

文星暗拱　命宮有吉近移官祿財帛三方科星是也

擎羊入廟　辰戌丑未守命宮遇吉

明祿暗祿　甲生人安命亥宮科星守命祿居寅是也

金輿扶駕　紫微守命前后日月來夾是也

日月同臨

府相朝垣

定貧賤局

生不逢時　命生空亡逢廉貞是也

馬落空亡　馬既空雖祿冲無用一世奔馳

財與囚仇　武曲廉貞同守身命是也

貪火相逢　謂二星守命同居廟旺是也

紫府朝垣　寅安命午戌紫府來朝是也

權祿生逢　二星守命廟旺是也陷不是

巨機居卯　辛丑生人卯宮二星守命遇昌曲左右是也

科明祿暗

明珠出海

祿權科拱

火星暗宮

祿逢兩殺　祿生空亡逢空劫來是也

日月藏輝　日月反背又逢

一生孤貧　謂破軍守命居陷地是也

君子在野　謂四殺會刑交会而吉陷陷地是也　　兩重華蓋　謂化祿坐命遇空亡是也

定雜局

吉凶相半　命有正星限吉則發限衰不發是也　　枯木逢春　謂命衰限好是也

步數無依　前限接后限走絕不分是也　　水上架屋　一年好二年不好是也

祿衰馬困　祿馬空亡限逢七殺是也　　衣錦回鄉　少年不遂四十后行墓運是也

風雲際會　身命並弱二限祿馬相会是也　　錦上添花　謂限皆惡星而行吉地不斷是也

諸星格局皆取貴論

貪武同行格　謂貪狼武曲守照身命

武貪入廟貴堪言　必主為官掌大權　文作監司身顯達　武臣勇猛鎮邊疆

文星拱命格　謂文昌在命

文星拱命向南離　必主应元会遇時　翰墨縱橫人敬重　手扳丹桂上雲梯

左右同宮格　謂輔弼同照命

命宮輔弼有根源　天地清明萬象鮮　德業巍然人仰敬　名宣金殿玉堦前

三奇加會格　謂祿權科三奇會於命宮

三奇拱向紫微宮　最喜人生命裡逢　燮理陰陽真宰相　功名富貴不需同

府相朝垣格　謂天府天相照命宮

命宮府相得俱逢　无殺身當侍聖君　富貴双全人景仰　巍巍德業滿乾坤

文桂文華格　謂遇昌曲丑未安命卯酉時生人為上命宮次之

丹書一道自天來　喚起人間經濟才　命內衆華真可羡　等閑平步上蓬萊

七殺朝斗格　謂七殺守命落廟旺是也

格名朝斗貴无疑　入廟須教福壽齊　烈烈轟轟身顯耀　平生安穩好根基

紫府同宮格　謂寅申安命者是也

紫府同宮生貴人　天地清明萬象新　喜遇寅申同得地　聲名磊落動乾坤

廉貞文武格　謂文昌文曲入廟是也

命中文武喜朝元入廟平生福氣全純粹文能高折桂戰征武定鎮三边

左右守垣格　謂左輔右弼更会科星是也

格逢輔弼命中臨加会科星福再深事業昂昂迫魏鄭官居台閣萬人欽

天乙拱命格　謂天魁天鉞命中值者是也

天貴相逢命裡來定在名占少年魁文章蓋世追班馬異日當為宰相才

文星暗拱格　謂命宮兩傍值昌曲是也

文星夾命被兇侵得此多為芹泮人借得風雲相展處少年龍躍出天津

貴星夾命格　謂紫府日月左右夾命是也

命裡兇凶天貴夾吉星得遇好生涯若非翰墨文章士也是豐衣足食家

祿合鴛鴦格　謂命祿存又有化祿是也

祿合鴛鴦福氣高斯人文武必英豪堆金積玉身榮貴爵位高遷衣紫袍

双祿朝元格　謂祿存於化祿在三方朝命是也

財宮二处与迁移双祿逢之最有宜德合乾坤人敬重滔滔富貴世稀奇

三合火貪格　謂貪狼遇火入廟是也

貪狼遇火必英雄指日边庭立大功更得福元臨廟旺帳下千人虎奇门

貪鈴朝垣格　謂貪狼遇鈴星入廟是也　至富貴發達

貪狼更得与鈴逢入廟宮中福氣隆立地將軍（英雄）為上將提兵指日立边功

日月同明格　謂日居卯辰巳月居酉戌亥又未安命是也

二曜常明氣象新少年学问播聲名幾番陞轉功名盛定作朝中燮理人

日月同臨格　謂丑安命日月在未未安命日月在丑是也

命宮日月喜相逢更遇科权在仕中此命武官須建　文官定主位三公

丹墀桂墀格　謂日居辰巳月在酉戌是也

二曜當明正得中才華聲勢定英雄少年際得風雲会一躍天池便化龍

（卯為雷门）日照雷门格　謂日居卯宮晝生人合局是也

太阳卯位貴堪誇必主平生富貴家純粹少年登甲第戰征声勢動東華

月朗天门格（亥為天门） 謂月在亥宫守命夜生人合局是也

正遇風雲際会期海门高处一龍飛文章间出英雄（漢）萬里功名得古稀

甲第登庸格 謂科星在命宫权來朝垣是也

禹门一躍便騰空頭角崢嶸大浪中三汲飛翻合変化風雲平地起蛟龍

科名会禄格 謂科星在命会禄是也

科名在命數中奇卓達英華远近知一躍連登三汲浪衣冠濟楚侍金墀

權禄巡逢格 謂权禄守命是也

命逢权禄实堪誇千載功名富貴家單見也应身富厚平生穏步好生涯

極向離明格 謂紫微居午无殺湊是也

衆駿司諫爾威風氣象堂堂立殿中幾轉王庭分內事終身富貴位王公

天府朝垣格 謂天府在戌无殺守命是也

文梁振紀格 謂文曲遇天梁旺地守命是也

補拱文星格 謂文昌在命左補拱照是也

机梁加会格 謂天机天梁旺地守命是也

权殺化禄格 謂 火星坐命入庙是也

巨日同宫格 謂

壽星入庙格 謂

英星入庙格　謂破軍臨子午守命是也

巨机同臨格　謂巨机卯宮守命合局是也

廉貞朝元格　謂廉貞在未申守命是也

化星返貴格　謂天同在戌丁人遇之巨门在辰辛人遇之是也

石中隱玉格　謂子午宮巨门守命丁癸生人合局是也

紫府朝垣格　謂紫微天府照命庙旺会吉星是也

将星得地格　謂武曲臨旺宮守命是也

四正同臨格　謂紫府日月居旺地守命是也

論不合局

經云非格非局焉得為奇凡人命不合前格何以富貴

又犯後論必然貧賤

命无正曜　謂命宮无正星浮星從星是也

極居卯位　謂紫微居卯酉遇殺是也

機月同梁　謂四星遇寅申安命是也

殺拱廉貞　謂

巨逢四殺　謂巨门遇火鈴羊陀守命是也

馬頭帶劍　謂午宮羊刃坐命卯宮次

命裡逢空　謂劫空守命无救是也

天梁拱月　謂二星陷地守命是也

科星殺湊　謂雖有科星凶殺冲湊太甚是也

文星遇夾

魁鉞凶　謂凶殺多无救吉星是也

武貪守身　謂命无吉曜武曲貪狼守身是也

官祿入殺　謂命无正曜官祿殺多是也

巨機酉化　謂巨門天機酉宮化忌是也

陰同遇殺　謂月同落陷遇殺是也

四星遇貴　謂天机太陰天同天梁守命遇貴是也

失格雜錄　謂文星失位　殺破雖有文章亦难科第

命宮吉曜衆多　或有空刧亦主美中不美

科星逢破　謂羊刃空刧冲奏亦难主科第

命宮雖有貴官祿宮受空

命宮雖有文星三合对宮重被羊陀空刧是也

命无吉曜疾厄宮有日月二星

命安巳亥天机守之雖有吉星合格主貴其人必定奸邪若不合格无恥小人也

十二宮吉凶論断

兄弟宮　吉星多十年兄弟和美凶星多兄弟忿争不安

夫妻　夫妻本然和美或有不和美者皆因凶来以致如此又有生子和諧吉星会臨故也

子女　只宜天尉紫府昌曲武禄巡相為吉若会羕火鈴羊陀七杀不為美

財帛　吉星多荣中直發不如大限十年中已小限一年中已雖發不多

疾厄 吉多先病 凶多有灾

奴仆 此不宜 吉多吉多奴高于主則奴欺主之者 制不好

田宅

相貌

子生人忌申又不宜見寅歲

寅生人忌

辰生人忌

午生人忌

申生人忌火分忌 又忌太歲行寅

戌生人忌陀又忌申

迁移 人害 吉多利处生財 有凶來不利 吉多遇貴 凶多招小

官祿 限吉榮貴 限凶不利

福德

丑生人忌

卯生人忌巳亥

巳生人忌

未生人忌

酉生人忌羊分陀又忌巳

亥生人忌

子	丑	寅	卯 生人忌	辰	巳
午	未	申	酉	戌	亥

定流年太歲所值吉星定局

	子丑寅卯辰巳午未申酉戌亥 流年橫看
天德 主吉	酉戌亥子丑寅卯辰巳午未申
月德 主吉	巳午未申酉戌亥子丑寅卯辰
月建 吉	巳午未申酉戌亥子丑寅卯辰
龍德 吉	未申酉戌亥子丑寅卯辰巳午
解神 解厄	戌酉申未午巳辰卯寅丑子亥
將星 主官位	子丑寅卯辰巳午未申酉戌亥

假如流年是甲子則酉宮安天德巳宮安月德 如乙丑是流年則戌宮安天德午宮安月德餘倣此

假如安天德只挨 宮為主自酉起子年順行數至流年止即安天德

假如甲寅年則自酉起子至亥為流年甲寅卯在亥安天德餘並倣此

定流年太歲所值凶星定局

	子丑寅卯辰巳午未申酉戌亥 流年橫看
太歲 主凶	子丑寅卯辰巳午未申酉戌亥 太歲即在流年本宮安
浮沉 水厄	戌酉申未午巳辰卯寅丑子亥 此星順從流年本宮安

伏尸喪事　子丑寅卯辰巳午未申酉戌亥　順從流年本宮安

劍鋒刀傷　子丑寅卯辰巳午未申酉戌亥　此二星俱從丑宮起子順行至流年安

火血火災　丑寅卯辰巳午未申酉戌亥子

驛馬遠行　寅亥申巳寅亥申巳寅亥申巳　寅宮起子年逆數至流年安

勾絞是非　卯辰巳午未申酉戌亥子丑寅

貫索牢獄　卯辰巳午未申酉戌亥子丑寅　二星自卯宮起子年順數至流年是也

五鬼官事　辰巳午未申酉戌亥子丑寅卯　辰宮起子年順數至流年是也

歲破破財　午未申酉戌亥子丑寅卯辰巳　午宮起子順數至流年是也

月空虛耗　午未申酉戌亥子丑寅卯辰巳

天厄主病　未申酉戌亥子丑寅卯辰巳午　二星皆午宮起子順數至流年是也

天狗損貌　戌亥子丑寅卯辰巳午未申酉

血刃刀傷　戌亥子丑寅卯辰巳午未申酉　二星皆自戌宮起子至流年是也

劫殺主盜　巳寅亥申巳寅亥申巳寅亥申

天殺凶厄　午卯子丑午卯子丑午卯子丑

地殺凶厄　未辰丑戌未辰丑戌未辰丑戌

年殺年災　申巳寅亥申巳寅亥申巳寅亥

月殺月災　酉午卯子酉午卯子酉午卯子

亡神亡死　戌未辰丑戌未辰丑戌未辰丑

此下六星甚凶，如流年斗君三方四正大小二限沖合并身命遇之，主吉亦官災刑孝破悔，死亡亦不能免，如主星得地亦宜活看，不可拘。

論男女命同異

男女命不同，星辰各別。男命先看身命，次看財帛、官祿、遷移，俱要廟旺為吉，敗陷聚凶為凶。三看福德、權祿、劫空、廟陷、吉忌，外有田宅、妻妾、疾厄宮。又看父母、妻子三宮，俱有劫空殺忌，僧道之

否則貧窮孤独須要仔細參詳方可斷人禍福榮枯

女命先看身命吉凶如貪狼七殺擎羊則不美次看福德宮吉凶若七殺單居福德必為娼婢三看夫宮四看子宮財帛田宅若桃花刑殺要敗絕空亡之為吉若詐吉廟旺不佳雖是艱辛困苦亦不為下賤夭折也女因夫貴女命貴格反為侍用以子女夫君福德為正強田宅財帛為次強以官祿迁移七宮為陷

看命總論

凡人有合照之星有正照之星有拱照夾照之星然正不如拱合不如夾正照偏照之為禍福難合照夾照之為禍福易何為正對宮是也何謂合三合是也何謂拱四正是也何謂夾前後是也然夾宮雖惡而本宮見吉星正坐則亦可以福言夾宮雖善而本宮見惡曜暗臨則亦可以凶論凡身宮宜清貴之宿命宮宜福壽之星陽星主文又在陽宮則為文藻濟華之士陰星主武在廟旺又在陰宮則為武勇剛猛之人凡星陽居陽陰居陰各從其類是謂得地相反者陰陽錯亂凡一日之間自卯至申六時為陽自酉至寅六時為陰然亦有以迁移入杀為陷以財帛田宅入杀為次弱也居生旺亦佳以命身夫子福德為正強若居空亡之地照於身命加杀為孤独之格亦最紫微怕桃花入於身命刑杀會於冲合亦為淫賤下斷又若同梁巳亥

机阴寅申破宫卯酉俱作淫論縱有止亦主刑剋不然若財田夫子俱得吉曜允為吉斷

論大小二限星辰遇十二宮遇十二支人所忌訣
遇此主災悔官非孝服火盜破財刑傷死亡

人生子命忌寅申
丑午生人丑午嗔
寅卯之人防巳亥
龍蛇切忌本身臨
申人鈴火災殃重
未遇猪雞莫惹殷
戌亥羊蛇須避忌
酉人陀羊亦非親

如子午生人切忌寅申歲限災悔至重又忌子午歲限相冲
如丑年与午年生人皆忌午丑歲限及忌七殺星災悔極重
如寅卯人忌巳亥歲限及忌卯酉寅申相冲
如巳与辰生人忌逢巳年与辰年又忌行到巳限与辰限為天羅又忌行到戌為地網限遇此主災疾之險官非破財刑憂連
如申生人忌逢火鈴二星必主災悔至重又忌寅年冲
如未生人忌逢酉亥歲限又忌羊在四墓宮
如戌亥生人忌遇羊陀災重戌生人又忌行到戌宮歲辰為地網又忌行到辰宮歲限為天羅為之辰戌相冲不美
如酉生人亦忌羊陀歲限又忌行卯宮限又卯年歲君相冲

歌曰
猪犬生人莫遇陀　辰戌切忌到網羅
預先整頓衣冠木　未免生人唱挽歌

論立命行限宮歌
金人遇坎命須傷　木命逢離有禍殃
水遇艮宮應蹇滯

火來兑上禍难藏
須防膿血及驚慌
又歌曰
縱然吉曜相逢照
土到東南逢震巽
未免官災鬧一場

指背殺 主人嫌
申子辰人見申是 亥卯未人見在亥 申年生人見申月日時是也
寅午戌人又見寅 巳酉丑人又見巳 丑相見之

魁嗣殺 主伤子
金人戌亥子寅時 木人辰巳午申俱

紅艷殺 主淫乱
水土丑寅兼卯巳 火人申未并猪雞
甲馬丁羊還丙虎 六庚怕戌六辛雞
戊巳辰時壬怕子 厚來乙癸共申時
更逢天祿天馬会 定作他鄉一路妓
如甲年生人逢午時是 亦或安午宮更有祿馬臨 允為淫断歸同此

撥乱殺
任是富豪官宦女 花前月下偷会期
命犯撥最乱無情 撥乱婚姻不得成
夫見妻時伴不採 妻見夫時怒氣冲
此煞若還不斬送 夫妻一世不安寧

符

弔客殺

弔客流年主大災　傷財口舌是非來
六畜隄防人竊走　謹防外患哭悲哀

喪門殺

官符殺

官符入命是凶神　披枷帶鎖入牢门
仔細小人來害己　隄防財散似飛塵

白虎殺

命犯白虎神　腰足手災臨
男女常叫苦　上下有尅損

馬

驛馬名為走蹄星　逢時定是不良人
男逢決不家中坐　出外貪花飄蕩真
女犯此煞多逃走　月下星前設誓盟

論尅夫

水火蛇無婿　金猪豈有郎　土猴長独卧
木虎定居孀

破夫家

猪羊犬吠春三月　蛇鼠龍憂夏日當
申酉丑人秋必敗　虎馬人冬季妨

一 命宮 命主取紫星有失垣俱為陷地 廟旺陷亦以流年神殺參看方可言吉凶

紫府日月為上貴　廉貞武巨同曲配　天机左右祿相梁
命裡相逢多富貴　羊陀殺破火鈴中　天使天傷地劫空
若是命宮居陷地　奔波夭折主貧窮　四殺即羊陀火鈴四星

紫微形貌敦厚，面紫色，或腰背肥滿，為人忠厚老成，謙恭耿直，入廟富貴，不入廟平常，加殺僧道宜之，与破軍同為胥吏，女命吉，会清秀旺夫益子。天机廟旺主人性急，好善，作事有力，窄見淵原，化吉富貴，陷地多奸詐，平常論。太陽廟旺富貴，三方吉拱科，為人聰明，陷平常夭折。武曲廟志略多能，功名有分，加殺僧道風流。天同廟旺聰明，文藝精通，博學多能，機巧富貴，高壽不貴，亦主大富，陷地詭譎多慾，口淡仁義，平常。廉貞性情耿直，无礼遇吉亦好，學近古，廟旺富貴，陷平常。天府為人聰明，齒白唇紅，節行高致，多學多能，廟旺富貴，陷地加殺巧藝安身。太陰主人聰秀，慈祥清閑，儒雅，廟

富貴陷貧天貪狼主人性直風流好色廟旺富貴如逢火星尤當好學大貴
陷平常巧藝巨门廟旺富貴陷地加殺作事顛置大事小成性情无常背
是面非一生有唇舌之撓天相廟旺衣食福足有餘為人敦厚和平聰明
秀麗富貴陷平常天梁主人穩重廟旺福貴壽陷平常七殺為人沉吟
性剛廟旺主貴陷貧天尅六親破軍廟旺富貴陷平常孤貧寡合招非
左輔廟旺富貴量寬夫妻和子媳叶亦宜夫妻子媳宮合看陷亦平穩
右弼廟發達進財為人俊秀夫賢子貴出類超羣如單居戌陷平常
文昌廟旺富貴為人俊秀有志讀書陷平常文曲主人多學廟旺富貴
陷天壽魁鉞主富貴常人富且近貴祿存為人重厚廟旺富貴白手起
家陷平常火鈴廟旺性剛不奈靜讀書可貴陷地貪賤異母延生僧道
為福巧地空同地刦主人性急非全吉地空主人性情不常多執己見难為
祖業擎羊主刑傷吉多則吉陷招凶陀羅廟主貴發陷主孤貧心事

不同天刑主刑尅天姚入廟主風流陷地主淫色昏迷祿权科陷地主
富貴夫陷平常化忌主一生多灾事不順遂陷地亦平

二兄弟

凡人兄弟之有係亦在星辰之吉凶主人為之昏

紫微得地祿文和　府相同梁左右多　貪武火鈴逢殺破
陷宮不必問羊陀　府相同梁兄弟和　陰陽左右祿文多
天机貪狼心不一　火鈴殺破路相過

紫微有倚靠年長之兄昌曲同五七人天府同三人天相同三四人
加羊陀七殺火鈴俱宜双空刦尅害有亦不和破軍同亦有三人全
不得力或各胞生天机只一人廟旺二人有貴与巨门同一人陷地相
背不一心天梁同二人太陰同二三人見羊陀火鈴無有尅害太陽
廟旺三人陷主尅異居何無巨门同無殺加二人太陰同五六人陷地不和
加羊陀火鈴有亦不和再加空刦更尅減半武曲二人不和得一人力化吉主三四人

陷地加殺一人天相同二人破軍七殺同一人再有主各胞亦不和順加昌
曲左右有三人見羊陀火鈴空刼孤單天同廟四五人天梁同二人全
姊妹招夫巨门同兵殺三人太陰同四五人陷地二人見羊陀火鈴空刼
忌少宜分居不和廉貞廟旺二人得力閑宮陷地尅加吉一人不和美貪狼同
招怨天相同二人七殺同一人天府同加左右昌曲有三人見羊陀火鈴空
刼尅且不和天府廟五人紫微同加左右昌曲有六七人得力廉貞同三人
加七杀招怨加四杀二人陷少各胞吉加杀尅閑宮生離四杀空刼只二人
太陰廟四五人陷地加杀不得力亦有三人太陽同二人天机同二人科权
同四五人見羊陀火鈴空刼減半且尅宜分居尤相背貪狼廟二人閑
宮陷地主尅生離有亦不同心宜各胞或庶出吉廉貞同不和紫微同三人
加羊陀火鈴空刼孤單巨门二人不和入廟吉加左右昌曲得力主和陷地
各胞有宜分居太陽加左右昌曲三人天机同二人更乖違不一心天同

同二三人加羊陀火鈴空刼孤天相二三人和平見殺忌少異母吉親
者傷値魁鉞有貴兄弟紫微同有三四人武曲同二人廉貞同二人見羊
陀火鈴空刼孤單天梁廟旺二人孤遲只得姊妹加左右昌曲吉或多不
同胞且不和陷地全兵天同同三人天机同二人見羊陀火鈴空刼尅少
七殺主孤尅只有姊妹加吉一人各胞吉在子午寅申宮方有三人且不和
各人加昌曲左右更好破軍主尅加吉入廟三人亦不和陷地加殺孤武
曲同二人紫微同二人廉貞同一人加左右昌曲三人和加羊陀火鈴空刼
孤文昌主四人加府曲左右得力加羊陀火鈴忌二人冲亦然廟旺不尅陷
宮孤見空刼全兵文曲三人加吉好見七殺四杀冲尅不和廟不尅陷地
孤空刼全兵左輔有四人加府同左右昌曲有四五人且得力見四杀
二人有空刼不和右弼三人同府相紫昌曲有四五人加杀武曲主尅異母
有分見羊陀火鈴不和祿存相生有兄弟見杀尅招怨羊忌無有

不濟有敗家之兆不和終主尅陀羅主亥合各胞吉加羊主尅有主不和
又羊陀主尅入廟一人吉多二三人陷地全遇火星入廟逢吉一人貪狼同二
人加廉破杀陰孤尅鈴星相生有兄弟加羊陀火空劫全遇又火鈴廟
旺二人不陷力閑宮一人陷宮尅独刑姚尅且不和空劫主孤加吉多有人
祿权科魁鉞主兄弟中有一貴并斗君在兄弟宮过度逢吉兄弟一年
和睦逢凶杀有刑克不見刑主有争鬪

三 夫妻 夫妻本人生前種。美而賢并由星之吉。陷而悪并由星之凶。不可因人而娶也。由天之良緣。非人能為之也。夫妻有先和因生子不和者。亦有先不和因生子而和者。星為之也。

紫府同梁左右和　祿文日月兩相宜　貪羊七殺皆三度
鈴武廉陀夫婦離

紫微性剛晚聘諧老男主妻賢女主夫榮又旺夫有羊多宜招夫長
天府同諧老天相同宜年少破軍同尅加羊陀火鈴亦刑貪狼同有
害星免刑天机男宜妻小性剛者可配宜早婚女宜夫長加巨火刑忌

不和見羊陀鈴主生離晚娶好天梁同宜年長太陰同內助美容太陽
廟旺遲娶吉早娶尅因妻得財男主妻多天梁同加左右招賢明之妻太
陰同內助巨門同遇羊陀火鈴空劫不尅有四杀反空劫定尅四耗非礼成
婚武曲皆尅宜遲娶或同年夫婦乃可加吉星因妻得財早娶因妻
去產男主妻性急女主夫貴貪狼同招遲遇刑七杀同尅二三妻加四杀
生離見四杀空劫更尅天同男宜妻小聰俊女宜夫長遲娶諧老陷
地加四杀又和生離且尅巨门同加四杀亦尅太陰同助美容天梁同極美
夫妻廉貞男尅三妻女尅三夫貪狼同會尅七杀同亦刑加羊陀火鈴
主生離天府同諧老性剛并余尅太陰男主妻多聰俊女主夫長早娶
諧老失陷加凶尅妻尅夫相生寵愛夫主貴見羊陀火鈴空劫遲娶免
刑天府男主妻小聰明女主夫長加四杀尅婚遲入廟得貴美夫妻加昌曲更
美見空劫耗忌不尅主生離太陽同諧老天同同內助天机同美好宜

少年貪狼男女不得美，三次作新郎，男主妻遲早婚，有魁女宜夫早
吉。廉貞同主魁，加羊陀火鈴主生离，紫微同年長方可对。巨門男主刑妻
剛，亦可对，女宜平頭，太陽同無杀加谐老，天机同内主美貌，天同同性
聪之妻並頭，加羊陀火鈴空劫定魁二妻，或主生离。天相貌美賢淑，親
上成親，男女皆吉，男宜妻長，早婚無杀谐老，紫微同谐老，武曲少和，廉貞
入庙免刑，加四杀空劫刑魁。天梁男宜妻大，賢達性剛美貌，女宜夫大，性剛
加权禄吉，天同同和，天机招美淑，加羊陀火鈴空劫不和，且有刑。七殺早
魁，有对則可，晚婚免刑，武曲同亦魁，廉貞同主生离，加四杀空劫，男魁
三妻，女魁三夫，不和美。破軍男女皆魁，早娶生离，宜晚婚，加四杀不得妻力。
武曲同魁三，廉貞同亦魁欠和，紫微宜年長之妻。左輔男主妻小，敦厚
通達，見昌曲美貌，見机月妻多，女主夫吉，加四杀魁。右弼男主妻聪明
性剛，見昌曲美貌，見机月妻多，女加刑杀魁夫。左輔右弼谐老，加羊陀
火鈴空劫，貪狼廉貞同，宜年長剛強之妻，羊陀入庙加吉星遲娶吉，不和，
陷地早魁，加日月巨机火鈴武杀主生离。文昌妻宜小，内助聪明且俊兼
多，見曲机同月巨美貌，不宜陷地，加羊陀火鈴魁妻，女主夫貴，深忌羊陀
火鈴空劫。文曲男主妻聪俊，早婚吉，女宜夫長，見权禄昌月机妻多，
加四杀主妾，閑宮魁空劫忌亦魁。禄存男女皆主婚遲，並頭晚娶吉，加
杀偏房，相生無魁，妻宜少，見羊陀火鈴空劫魁，見截路空亡孤单。
羊陀入庙吉，不入庙魁，加杀巨机武生离。火鈴男女皆主遲娶吉，入庙加
吉無刑，見羊陀七杀巨门魁，陷地魁。劫空忌庙旺皆吉，見杀破廉必魁，亦
元妻財。魁鉞禄权科多主夫婦美麗，男主宜家，女主夫貴。天馬坐妻
宮，主得妻財，加吉星主貴美夫婦。斗君過度在妻宮，逢吉俱無灾，
魁，逢惡妻妾有灾厄。○○又看人本命妻宮，若魁妻，尤其年魁妻妾，若
不魁，亦断某年有灾。

四 子女

凡看子女先看本宮星宿主有煞子為加羊陀火鈴空劫殺忌主生子女有刑尅次看对宮有冲刑否如本宮無星曜専看对宮有何星宿主有煞子為善星貴星守子女宮必主其人生子昌盛貴顯若惡星又同刑殺守子女宮不是刑尅充主生険横破傷之子又看三方四正得南斗星多主多生男得北斗星多主多生女若太陽落在陽宮主先生男太陰落在陰宮主先生女専看刑殺守本宮無剋化相生必無絶祀日生最怕太陰臨夜生却怕太陽照此星若在子女宮防君到老無子

紫府同梁武曲多　廉貞左右佩鳴珂　巨陽破殺傷頭子
祿存七殺一二柯　貪陽火鈴定遭傷　得此應知喜不常
机相必无臨後有　忌陀必定是外廂

紫微廟旺男三女二加左右昌曲主貴有五人加七殺二人加羊陀火鈴劫空只一双不然偏室生者多主吉或招子居長破軍同三人天府同加吉星四五人加昌曲左右有貴子為独守再加空劫為孤君天机廟旺二人或庶生者多并外子得力或女招壻加吉二人巨門同一人天梁同在寅宮有二三在申宮女多男少只可一子太阴同二三人加羊陀火鈴劫空全無子太陽入廟男三女二成三人晚子貴巨門同三人太阴同五人陷地有三子不成器再加羊陀火鈴尅庶出貴四系空劫止留一子送終武曲主尅加吉一人外子好臨者偏室生二子破軍同有一子加羊陀火鈴空劫絶祀貪狼晚得二子天相同先招外子後親生一子七杀同主孤或傷残之子天同廟旺男女五人加吉貴見梁空主孤偏生者主吉貴巨門同三人太阴同五人在午宮陷地减半天梁同先女後男有二子守在申宮只可有一子送終在寅宮加吉有三子加羊陀火鈴空劫見刑尅子少送終

廉貞一人天府同三子主貴若貪狼破軍七殺同主孤再加羊陀火鈴空劫全無天相同有三人天府男女五人加七殺武曲主二子宜庶出紫微同四五人廉貞同三子加羊陀火鈴空劫有三子不得力太陰廟旺有二子主貴女三人陷地主孤或有軟弱之子虛花不成器庶出吉或主二三人出房有独居旺宮亦有三子太陽同五人天机同二子天同同五子廟地無煞陷宮有煞加羊陀火鈴空劫子少貪狼廟旺二子早有煞女二人陷煞子縱有一子半子不過庶出亦不如假子得力紫微同三子廉貞同子少加吉一子武曲同二子先难後易巨門廟旺二子見同左右親子得力庶出送老必全机左右酉宮亦五子太陽同居頭一二子易養加羊陀火鈴子少天机同一子有吉同二子加空劫無天相無羊陀火鈴同有二子成器有殺先招祀子居長外子得子后親生一二子加破軍四殺庶出遲吉紫微同加昌曲左右有三四子武曲同有二子見羊陀火鈴空劫必剋天梁廟旺二子宜先見女外子得力加羊陀火鈴空劫早剋見左右昌曲一子庶出再加吉星二子天机同有二子加羊陀火鈴空劫全無倘有亦不得力七殺主孤加吉一子紫微同再加吉有三子見羊陀火鈴空劫全無即有不成器必強橫敗家之子破軍入廟三人強剛之子遲剋加四殺孤有亦不得力逢吉庶出有二子紫微同三子武曲同加昌曲左右有三子廉貞同一子見羊鈴相生有制無刑見空劫火陀子少左輔單居男三女一加曲右貴得力見紫微天府同吉星主子貴加陀火二子終有刑傷見羊鈴空劫有二子不成器右弼男女三人加吉貴加殺武火陀剋或有一子不得力二母好見羊陀火鈴空劫減半文昌三子加吉五子加曲府左右貴加羊陀火鈴二子送者再見空劫只可一子文曲廟旺男女五人陷地二三人加吉得力見四殺剋子少祿存主孤宜庶出一螟蛉之子得力加吉一人倘多送者亦不見面加火決殺孤羊陀主剋陷宮孤單廟旺加

有一子如对宮吉星多無殺冲亦有三四子見耗殺忌在本宮絶嗣庶
出吉外子好二二三照房火星主孤逢吉一子陷宮加杀尅庶出吉外子序
力或有半子之分鈴星独守孤入廟加吉一子可許庶出对宮吉多有二三
子陷外子得力或有半子之分刼空忌忌子魁鉞单守主有貴子
祿权科亦主貴子斗君在子女宮照度逢吉子女昌盛逢凶刑尅
或子破家

五財帛

財帛有無實由人之命宮強弱。星辰旺陷主之。逢吉則生財有道，逢凶則財來財去，加殺空刼主突沛横起。此宮喜祿化生旺，若刼空主一生貧乏。

紫府相廉祿滿倉
機与火鈴空刼囊
陰陽左右及貪狼　羊陀廉殺閑中有

紫微倉箱豊足加羊陀火鈴空刼不旺先易后难破军同先难后易
天相同財帛蓄積天府同富足終身保守加左右同為財賦之官七
殺同加吉財帛横發天机劳心費力生財白手起家財祿豊足中破後
成巧藝生財巨门同閙中求取天梁同机閙巧计生外財太阴同陷地
成敗加羊陀火鈴空刼敗多成少太陽入廟豊足陷富劳祿不遂太
阴同加左右吉星發財不小祿存同操心得財致大富巨门同早年敗中
末元盈武曲入廟豊足化吉閙中進財有巨萬家資無吉加財少破军同
東來西去先無后有天相同豊盈冨貴生財成家七杀同白手成家
貪狼同三十後方發財陷地財來財去加羊陀火鈴不聚極怕空亡
天同白手生財晚發陷地破耗巨门同財氣進退天梁同財大旺加
四杀空刼或九流入生財成家廉貞在申寅宮閙中生財成敗不常陷
宮先难后易貪狼主横發横破見羊火極生横進之財七杀同閙中取
天相同富足加耗刼天空常在官府中破財天府富足田宅廣闊
見羊陀火鈴空刼有成敗紫微同巨積廉武同加权祿為富奔翁
太陰廟旺富貴陷地成敗不一終不聚財太陽同先少后多天机同白

手生財成家天同同財旺生財生身祿存兼左右同主大富貪狼廟
旺橫發陷地貧寒紫微同守現成家自後更主盈見火星三十年前
成敗三十年後橫發巨门白手生財成家宜閑中取財高之人橫破先
难后易太陽同入廟守現成家計天機同財氣生身而作不一天同同
白手成家九流人吉加羊陀火鈴成敗步难后易見地空不聚天相
富足紫微同財氣橫進武曲同加四煞百工生財廉貞同商賈生財
加羊陀火鈴空劫耗忌成敗無積破軍財不聚加四煞辛苦得財橫成
橫敗逢吉一發如雷在子午廟宮多有金銀財寶在辰戌旺宮財盛陷地
破祖不聚武曲同守己亥宮東來西去紫微同先去后生廉貞同勞
祿生財先难后發加空劫極貧天梁富入廟上等富貴陷宮辛勤求財
度日天同同白手生財勝祖天機同勞心用力發財不多更改方見成家
加羊陀火鈴空劫先难后發僅足度日七殺入廟閑中進財陷地成收不一

文昌富足成聚加吉得貴人財陷地破耗不一閑中進財加羊陀火鈴空
劫於陷宮為寒儒輩巨门同富加吉財氣旺文曲富足加吉得貴人
加羊陀火鈴空劫財來去無定且不遂左輔右弼諸宮富足會吉得
貴人財祿存富足倉箱堆金積玉加吉美不待勞而財自足加羊陀火
鈴空劫耗忌先無後有擎羊辰戌丑未宮閑中生財陷地破祖不聚終
身不能發達只為盜垢活中生財陀羅閑中生財陷地辛勤度日加空
劫東來西去火星散敗財勞苦入廟有財獨守橫發橫破陷地辛勤
加吉財多益志鈴星入廟獨守橫發陷地勞苦度日且孤寒魁鉞王
清高中生財一生遂心祿权科並吉斗君逢吉其月發財遇凶恐空劫
耗忌其月損財招口舌官非為財而起
此宮只忌殺星流布相助為灾不小

六疾厄

先看命宮星曜落陷加羊陀火鈴空劫化忌守照如何又看疾厄宮星

曜善惡廟旺陷也何斷之
紫府同昌左右㕘　羊陀七殺損肌膚
機梁年來疾厄痛　男女四殺休逢咋
紫微生年吉多凶少，有疾必逢良醫。天府亦少，天相同，皮加勞，加加破軍
血氣不和，同羊鈴主有暗疾，加空劫主有瘋疾、心氣疾。天機，羊陀多
灾，主有熱毒風氣，陷地頭面破相。巨門同，血氣疾。天梁同，下部疾。太陰
同，瘡灾，加羊陀火陷地，四肢無力，有目疾。太陽頭風寒溫之灾。太陰
同，化忌羊陀陷地，主目有傷，欠光明。武曲羊陀灾小，陷地四肢有疾風
疾之患，加四殺目下有痔疾痳瘡，頭面有傷，羊陀一生常有灾。天相同
招暗疾。七殺同，血疾。貪狼同，廟旺無病。天同入廟灾小，主氣疾寒熱風
邪之患，加吉和平。巨門同，心氣疾。太陰同，加羊火血氣疾。天梁同加羊
陀火鈴心氣疾。廉貞羊陀灾瘡，腰足之疾，入廟平和，愚貪狼同陷地
目疾灾多。七殺破軍天府灾少。天府灾少，陷灾有救。紫微同灾少，
加羊陀火鈴空劫有瘋疾。廉貞同，加劫來空亡羊途傷殘。太陰廟旺
無灾，陷地灾多，主瘡傷血氣之疾，女人主有傷殘。太陽同，加吉美一生灾
少，加羊陀火鈴寒熱氣疾、目疾，陷瘦。火加空劫瘋疾。天同同羊陀陷
地主加症。同鈴火多灾。巨門少年膿血之厄，加羊陀火鈴四肢寒疾，唇
舌有破。太陽同，有頭瘋。天同同，下部主有瘋症，加羊火傾色之疾，加足有
耳目之憂。貪狼廟灾少，陷腰足帶疾、痔疾，加火鈴目疾。天相灾少，面
皮黃腫，血氣之疾，陷殘疾。紫微同灾少。武曲同，加羊陀火鈴破相。廉貞
同，加空劫手足傷。天梁吉，加火鈴殘疾。七殺幼年多災，長主痔疾氣
疾、寒濕疾。武曲同，加羊陀火鈴手足傷殘。廉貞同，目疾，加羊手足傷
殘。破軍幼年瘡癩膿血，羸黃目昏氣。貪貞腰足疾。武曲同目昏。紫微
同灾少。破軍居戌主風邪。女人會武曲於巳宮氣蠱疾。廉貞同加羊火四肢

有殘傷文昌災少加吉一世無災見羊陀火鈴空劫災多文曲獨守災少
加吉無災加羊陀火鈴空劫有災左輔獨守平和加吉災少見羊陀火
鈴空劫常有災右弼獨守逢災有救見羊陀火鈴空劫災多祿存
少年多災加吉星災少見羊陀火鈴四肢必傷殘加空劫致暗疾延生
擎羊有頭瘋或四肢欠力頭面破相延壽加吉災少陀羅幼年災磨
唇齒頭面有傷破方可延壽火鈴主一生災少身體健旺伶俐陷
地足目疵相皮膚常疾斗君遇吉身心安寧其年無災逢凶殺本
生人有異是其年災多

七 遷移

紫府同梁昌曲機　陰陽左右火鈴宜　廉貞巨武羊陀忌
破殺陷宮多是非

紫微左右同出外貴人扶持發福天府同出入通達天相同在外發
財破軍同貴人見愛小人不足加羊陀火鈴空劫在外不安靜天機
出外多忙欠安居家有是之非遇吉發達巨門同動中則吉天梁同出
外遂意太陰同忙得吉加羊陀火鈴在外多是非身不安靜太陽
出外吉不耐靜守得貴人助太陰同出外忙中吉巨門同勞心加羊
陀火鈴空劫在外心身不清閑武曲出外閑忙中進步不宜靜守
進吉發財貪狼同作巨商七殺破軍同身心不得靜加羊陀火鈴在外
招是非天同出外貴人扶持和順巨門同勞心太陰同辛苦天梁
同貴人見愛加羊陀火鈴空劫在外少遂志廉貞出外勞心通達近貴
在外日多在家日少貪狼同閑中立腳七殺同在外廣招財天相
同動中則吉加羊陀併三方有凶殺死於外道天府出外吉得貴人
扶持同紫微發福廉貞武曲閑中取財作巨商太陰入廟出外無往
不利遇貴發財植陷宮招是非太陽同極美天同同在廟旺地出外白

手生財成家。貪狼出外平和風流利益，獨守勞心鬧中進橫財。廉貞同加四殺在外艱難，武曲同作巨商，加羊陀火鈴空劫耗殺流年更遇兵盜劫掠。巨門勞心不安，与人不足，失陷招是非，加羊陀火鈴空劫愈甚。天相出外吉，得貴人提拔，紫微同吉利，武曲同在外發財，廉貞同加羊陀火鈴招是非小人不足。天梁出入近貴，貴人成就，天同同福厚。天機同藝術途中進。七殺出外多怔鬧中身安，在外日多會貪因耗，忌死於外道，武曲同動中財吉，廉貞同在外生財，紫微同在外多遂吉，加羊陀火鈴空劫操心不寧，或流蕩天涯。破軍出外勞心不安，入廟在外崢嶸，加羊陀火鈴奔馳巧藝途中，加文昌文曲武曲相會優倫之人。文昌出入貴人相合，在外遇貴發達，小人不足，加羊陀火鈴空劫在外欠安。文曲出入和平吉利，在外近貴，加吉得財，加羊陀火鈴少遂意。左輔出外旺相，遇貴發財，動中有貴人扶持發福，加羊陀火鈴下人不足，多招是非。右弼出入有貴人扶持發達，不宜靜守，加羊陀火鈴空劫在外与人有爭競。祿存吉，出外主大富貴衣祿遂心，會羊陀火鈴空劫与人多不足意。化祿出入利得財。化權出入得財發達。天魁利見大人。天鉞得朋助。擎羊入廟在外衣祿遂心，加吉星鬧中發財，陷地有成，下人不足。陀羅會吉星在外得貴人財，陷地加羊陀火鈴空劫下人不足，招是非。羊陀与人不足，更改不一。火星獨守出外艱辛不定，加吉鬧中進財，見羊陀空劫招是非，在外少遂志。鈴星有吉星同，出外吉，且流走不定，加羊陀空劫不足，招是非。斗君遇度遇吉動中吉，遇凶動中有口舌。

八 僕奴

此宮不宜吉星多。亦不可無吉。多則奴高於主。凶多則主主奴相惡。

紫府同機左右存。昌曲日月破軍群。
廉巨雖和後必榮。羊陀火鈴忌逢殺。

紫微成行得力旺主生財加羊陀火鈴欠力破軍同先难後有招
天相同得力加空劫招怨逃走天机庙得二人力陷宮怨主天梁同
晚招太陰同欠力巨门同加吉有奴婢加羊陀火鈴空劫金难太陽
庙旺得力主發財陷地各分有巴怨主会走太陰同多招巨门同有
多招怨加羊陀火鈴奴则背主武曲庙旺不少一呼百诺得力少怨但
多亂末能去天府同多奴婢破軍同招怨会走末年有招天相同
得力七殺同背主貪狼同欠力天同主得力旺相巨门先难后易
太阴同得力天梁同助主加羊陀火鈴有背主之奴蓋見空劫怨
主会走廉貞陷地招怨奴背主晚年方招入庙一呼百诺貪狼同欠
力七殺同背主天同同多奴婢加羊陀火鈴不旺会走之天府逢吉
得力一呼百诺紫微同助主天家武曲同多奴僕加羊陀火鈴空劫多
背主逃走太陰庙得力成行太陽同多奴婢天机同欠力天同同
旺主加羊陀火鈴空劫虽有而走陷地全无貪狼庙旺相初难招敗主
之奴陷地各廉貞同亦少紫微同有奴仆加羊陀火鈴空劫虽有难
齊巨门入庙早年不得力招是非有不将火居且亦不美太陽同助主
衛家天機同不一心天同同末年招得天相末年招得旺財紫微同
多奴婢武曲同怨主廉貞同末年可招加羊陀火鈴空劫欠力逃走
天梁庙旺相奴多陷地各分天同同有衛家之奴天机同不一心七殺主
大總有欺主有剛强之仆多盜家財武曲同背主廉貞欠力加羊
陀火鈴全无破軍入庙少年辛苦末年得力陷地招怨背主武曲同
違背紫微同得力廉貞同欠力加羊陀火鈴空劫难招文昌入庙独守
得力助主發財加羊陀火鈴空劫虽有背主文曲入庙得力進財利
違陷宮各分加羊陀火鈴空劫怨主逃走左輔独守旺相得力一呼
百诺加羊陀火鈴空劫耗忌背主盜財难招而走右弼独守成行加羊陀

火鈴空刼耗是背主盜財亦走祿存奴仆多加吉星助主起家見羊
陀火鈴是耗欠力擎羊剛強反逆背主常怨多有亦不長火入廟晚年
方可招陀羅剛強反逆常怨主入廟加吉星有分火星独守怨主
不得力入廟加吉星可招二三平和鈴星独守不得力恨主会吉入
廟助主衛家丑平和陷地招怨加空刼耗是欠力斗君過度逢吉
奴仆歸順逢凶是耗殺或恨主亦走或因奴仆亦招是非

九 官祿

紫府同梁共曲昌　陰陽貪祿文職強　武廉破巨擎羊殺
左右合沖武職良

紫微廟旺遇昌曲左右魁鉞軒勝位至封侯伯（主晚年發達）加羊陀火鈴平常
天府同权貴名利兩全天相同內外权貴清正破軍同宮中安身
天机入廟权貴会文曲為良巨見羊陀火鈴方宜天梁同文武之材
太阴同名振边夷陷宮退官失職吏員立脚利宮加四煞暗路功名
太陽入廟文武為良不見羊陀火鈴吉太阴同貴顯左右昌曲魁
鉞同更加祿权科定居一品之貴陷地不久武曲廟权貴乃昌曲
左右同宮武職崢嶸常人發福会祿权科為財賦之官貪狼同為
貪污之官破軍同軍旅內出身分安身七殺同横立功名陷宮逢
冲或陀鈴刼是功名無分天同廟文武三品職陷地吏曹吊羊陀火
鈴吉巨门同先小後大太陽昌曲科权祿吉美天梁同权貴太陰同
陷地胥吏廉貞廟武職权貴不耐久陷地不利貪狼同鬧中权貴紫
微会三方文職論七殺同軍旅出身天府天相同衣錦富貴天府
廟文武权貴文武之材無羊陀火鈴空耗全美紫微同文武声名
廉貞武曲同权貴見空刼平常陷地刀筆納粟功名太陰廟多貴
陷地氣高横破难顯達会太陽昌曲左右三品職不然逞吉凶相

羊失戕位天同同文武皆宜天机同閑同造身吏員主腳貪狼廟
遇火鈴权星文武皆宜武職掌大权紫微同文武之職权貴不小陷
地貪污之吉加羊陀空刦平常巨门廟武職权貴文人不耐久太阳
同有進退入廟火長天机同在卯宮吉美在酉宮虽美始終陷宮邊
悔吝或奔波加羊陀火鈴空刦更不美退官職天相廟文武皆宜食
祿萬鍾常人富足陷地成敗紫微同权貴昌曲左右同权顯榮貴武
曲同边夷之職廉貞同峥嵘权貴加羊陀火鈴空刦有貶天梁廟
午会左右魁鉞文武之材必化祿大臣戕作商書常人富足天同同权
貴不小天机同峥嵘貴顯加羊陀火鈴空刦平常七殺廟旺武戕权
貴非小文人不大常人亦足武曲同权貴廉貞同功名顯達破军廟
旺武戕权貴不小閑宮納粟雜戕必偈地亦主平年辛苦功名武曲
同加权祿昌曲顯達加羊陀火鈴平常紫微同声名揚振廉貞同

文人不耐久胥吏最美左辅入廟文武之材武戕最旺不利文人会
吉星身中清文武皆良見羊陀火鈴空刦進退声名右弼武職利
不利文人与紫府同拱同昌曲合照財官双美陷宮成敗有貶謫見
羊陀火鈴空刦亦有黜降文昌入廟遇太陽加权祿文武之材大
臣職天府文曲富貴双全文曲廟旺文武皆宜陷遇天机太阴同
吏員权貴会紫府左右近君顏而執政加羊陀火鈴空刦平常禄存
会吉文武皆良財官双美子孫爵祿諸宮為美擎羊廟武戕权貴
加吉星更利陷地平常虛名宦邑文主不足奔波度日陀羅独守平常
入廟武戕最利陷主不足奔波度日火星晚年功名遂心早年成敗
会紫微貪狼最吉陷地加殺不美鈴星独守旺宮吉廟地权貴陷
地加殺不美閑宮平常禄权科魁鉞並吉斗君逢吉其年月財官
旺逢凶忌財官不顯達有勞碌奔波

定公卿　輔弼帝祿中內藏　高官三品入朝堂
定兩官府　空亡惡忝三方見　只是虛名受門封
昌曲二曜最難逢　建節封侯笑語中
若然凶殺來臨破　須知好処也成凶
定文官　文官昌曲掛朝衣　官祿之中喜有之
紫相更兼权祿至　定居鳳憲肅朝儀
定武官　將軍武曜最為良　帝座权衡在祿鄉
輔弼二星兼拱照　金章玉帶佐皇王
太陽化吉在陽宮　更有光輝始不凶
定曹吏　若逢紫微兼左右　一生曹吏逞英雄

十田宅

紫府廉貞巨祿昌　火鈴日月夕機梁
羊陀先破後必發
武相同居左右良
紫微主田園茂盛自置旺　相加羊陀火鈴空劫有買有去破軍同退（天相同有現成家宅得右左昌曲夾輔大富田庄）
祖天机改換不一陽地無入廟新創置巨门同在卯宮有田宅在酉
宮不守祖業先大後小天梁同有置晚年富太陰同自置旺　相太陽
入廟多得祖業初旺末平太陰同加吉星田多巨门同在寅宮旺盛
在申宮退祖不為岳田宅陷地逢羊陀火鈴空劫全無武曲更改
不一入廟自置若單居旺地得祖父大業陷地退後方成破軍大耗
同破蕩家產有也不久天相同先破后方成七杀同同心不遂天府
同守現成家業貪狼同晚置見火鈴同極美田宅茂盛同空劫有
進有退天同先难後易自置甚旺巨门同田少太陰同入廟大富天
梁同先退后進加羊陀火鈴空退全無廉貞破祖業究悔不安貪
狼同有祖業不耐火七殺同自置天府同守現成家業天相同先無后

有天府田宅茂盛守祖自置始終如一紫微同大富廉貞武曲同守祖業昌見羊陀火鈴空劫更少有成敗太陰入廟田多陷地加忌叉羊陀火鈴空劫田全無天机同自創置天同同白手自置同左右权祿及祿存主田宅多貪狼陷宮忌祖業一世田少廟旺有祖業必去中末進吉亦自置廉貞同無分紫微同有祖業武曲同晚置見火鈴星守祖業有自置但恐火焚屋宅巨門廟旺橫發置買陷留田招非太陽同先無后有加羊陀火鈴空劫田宅全無天相入廟有分自置一新紫微同亦自置武曲同無分廉貞加羊陀火鈴空劫飄零祖業天梁廟旺守現成家宅天同同先难後易天机同不見羊陀火鈴空劫終有田宅七殺逢吉大發逢凶破耗破軍入廟自置陷地不成家在子午宮守祖業榮昌但有進退加羊陀火鈴忌祖田紫微同有現成家業廉貞同先破後有耗忌全無文昌會諸吉

田宅自置一新加陀羊火鈴空劫敗祖文曲旺地祖業多安穩加吉星自置同羊陀火鈴空劫有進有退左輔有祖業加羊陀火鈴空劫退祖田地少會吉星多且自置一新右弼有分自置尤好祿存田宅多旺自置更多會吉星承祖業榮昌加羊陀火鈴空劫田宅少擎羊入廟先破後成遇吉發達陷地加空劫退祖業陀羅退祖辛苦度日入廟先無后有加吉亦發加空劫全無火星独守祖業會吉先無后有加空劫全無貪狼同田宅大發鈴星退祖入廟加吉自置見空劫全無斗君過度其年遇吉田產倍進逢凶殺

十一福德

忌耗退敗

如人之壽年难必宜居剎不可拘泥

紫府同梁左右昌　羊陀旺地落他鄉
火鈴陰陽陷地忙　武貪巨破廉机殺

紫微安樂享福八十四歲天府天相同終身獲吉破軍同勞心費力
不安加羊陀火鈴空劫福小天机同享福終身天机先勞后逸六十
三歲巨门同勞力欠安天梁同享福太陰同主快樂加羊陀火鈴
空劫奔走不得安靜太陽忙中發福入廟快樂且貴壽七十太陰
同快樂巨门同費力欠安天梁同快樂女人合吉星招賢明之夫
享福加羊陀火鈴空劫耗忌終身不美武曲辛苦先勞后逸入廟安
然享福破軍同東走西行不安靜天相同老境安康七殺同欠安
貪狼同晚年享福見火鈴安然加羊陀操心得力天同快樂有福
壽九十三歲巨门同多憂少喜太陰同享福天梁同清閑快樂廉貞
獨守奔波生福壽六十九歲天相同有福有壽天府同安樂無憂
破軍同不守靜勞心費力再加羊陀火鈴勞苦終身末年安逸天府
福祿有餘且安靜壽八十四歲紫微同快樂廉貞身安心忙武曲同

少年更辛苦中晚安樂享福加羊陀火鈴空劫耗忌苦勞多逸白太陰
入廟快樂壽七十五太陽同極美僧道亦清潔享福天机同心忙天
同同安靜無憂加羊陀火鈴空劫有憂有喜不得安靜貪狼廟有
貴有壽勞心不安廉貞同福傷紫微同晚年快樂巨门廟有貴壽
七十外勞力不安太陽同有憂有喜天机同心忙不安天同同享
福加羊陀火鈴空劫生平多憂天相安然享福壽七十歲紫微同
快樂天机同忙中吉太陽同福双全加羊陀火鈴空劫不得心靜
天梁晚年富貴七殺入廟福壽陷地勞祿加羊陀火鈴勞心力且五
十歲刑天武曲同欠安廉貞同辛苦紫微同先勞後逸末年方遂心安
人單居福德則必為娼婢破軍廟有壽陷無勞心力武曲同欠安
廉貞同辛勤紫微同安樂加羊陀火鈴空劫操心不得安靜文昌
廟福壽並吉七十七歲合吉八十三歲享福快樂陷地逢羊陀火鈴空劫

身心不安靜文曲廟快樂壽六十三左輔福祿有餘壽無比且享福
獨守晚年安樂加羊陀火鈴空劫辛勤右弼生平福（祿）壽美且壽無比
加吉一生少憂見羊陀火鈴空劫心身不得安靜魁鉞有貴人為伴
享福快樂祿存食衣足福壽全七十三歲擎羊入廟動中有福（即勞心費力）三十二
三歲得吉憂少獨守心身不安陀羅獨守辛勤四十八九入廟有福
祿陷地奔馳加吉晚年有福火星不安勞碌辛苦四十外加吉晚年
遂志鈴星勞苦四十外加吉星平和獨守辛勤空劫貧夭斗君
逢吉其年安靜逢凶不安歲君大小二限不逢逢吉則享福逢凶
則勞苦

十二父母

凡看父母以太陽星為父太陰星為母太陽在陷宮主先剋父太
陰在陷宮主先剋母如二星俱在陷地只以人之本生時斷日生
加主父存夜生者主母存若夜生并太陰星主母存反背不明主
母（先亡）日生并太陽主父在反背晦主父先剋余試之屢驗矣學者
宜心識之先看本宮某星主刑剋又加惡殺只以刑剋斷之據理參詳
在乎人之自悟耳

紫府陰陽文曲昌　貪狼左右少刑傷　机月陀羊貞重拜
火鈴武破殺早亡

紫微主富貴無剋加羊陀火鈴空劫先剋父少年宜出家寄養天
府同無剋天相同無刑貪狼同無殺加亦無刑破軍同早剋天機
主富貴廟旺無刑陷尚過房（或偏生）吉加羊陀火鈴空劫生離剋害或二姓
寄居重拜父母或過房入贅太陰同免刑天梁同無刑俱要無殺加
有殺加之不免刑傷巨門同早刑太陽入廟無剋陷地剋父加羊陀
火鈴空劫早剋父母先母而後父太陰同無羊陀會父母全遲刑

巨門同加羊陀火鈴空劫尅早天梁同無刑武曲尅早退祖業不
刑貪狼同刑尅七殺同有刑天相同加羊陀火鈴空劫尅先母後父
天同独守廟旺無刑加羊陀火鈴重拜父母斉祖免灾加殺早尅巨
門同欠和太陰同父母双全天梁同無刑或退祖業加羊陀火鈴空
劫父母不全廉貞难为父母棄祖重拜加羊陀刑尅太甚過房吉
化逞主尅貪狼同早刑七殺孤尅天府同免刑破軍同刑早加羊陀
火鈴空劫父母不全天府父母双全主偕祖力加凶殺尅紫微同無刑
廉貞同武曲在廟旺無刑加羊陀火鈴空劫主傷太陰入廟無尅加
羊陀火鈴尅母不然過房棄祖太陽同無羊陀火鈴父母全天机同
無刑天同同極美貪狼父母不全過房入贅斉祖吉陷地早棄祖廉
貞同早刑主孤單紫微同無殺加双全巨門少年难養過房吉陷地傷
尅棄祖太陽同火和天机同重拜父母天同同或退祖無刑加羊陀火

鈴空劫父母不周全天相廟旺父母並吉加殺不為害有壽紫微
同無刑武曲同尅廉貞同刑陷地加羊陀火鈴空劫早刑天梁廟平和陷地
次加羊陀火鈴孤尅棄祖入贅更名寄人係養免尅天同同加羊陀
火鈴有刑無殺無刑天机同無刑太陽同尅匪加羊陀火鈴空劫尅早
七殺早尅父母斉祖六親骨肉孤独有吉方好武曲同刑廉貞同刑早紫微
同加吉無刑加羊陀火鈴空劫父母不全破軍尅早斉祖更名寄養
延生少年灾晦入廟吉武曲同尅早廉貞同亦早尅紫微同無刑文昌
入廟加吉無刑逢殺冲尅加羊陀火鈴有刑或退祖二姓延生文曲独
守入廟無刑加破軍有灾亦不妨壽加羊陀火鈴空劫父母不全左輔
独守無殺無尅廉貞同早刑加文昌相生無刑加羊陀火鈴刑傷退
祖二姓延生右弼独守無刑父母福厚壽高無殺吉加吉得父母庇
蔭見羊陀火鈴湊離祖二姓安居祿存加吉父母有貴無殺早加羊

陀火鈴多灾逆旁吉逢殺早年破父財且刑傷中不自成家計擎羊尅早先父后母全日月重重退祖加吉星多免刑陀羅幼年刑尅先父後母全日月重重退祖二姓安居加吉入廟逆旁或重拜二姓延生

火星独守孤尅廟富貴加殺離祖二姓延生少刑加吉平和貪狼同吉

鈴星刑尅孤單廟富貴加殺棄祖延生二姓安居重拜父母入贅逆旁吉空劫刑尅宜庶出逆居吉刑忌有尅魁鉞祿权科主父母宫貴同吉星双全斗君逆度逢吉父母吉利無傷灾得安逸内外有喜逆凶父母不利

此前十二宫訣星亦其大畧其中吉凶休咎要在看法活变臨時制宜因星辰之制化宫分之廟陷以定生剋六親財官福田之類不可盡拘

限行得數例 双安即巳宫也

火行寅午共蛇鄉金逢双女酉申方木到亥宫寅卯位水土申亥子為良

限行反背例

火行戌亥便為灾　木行申酉不相安

水土龍蛇忌有哀　金遇丑寅須有害

假如火局生人行寅巳午三宫大小限俱吉如行戌亥二宫大小限俱見灾餘皆倣此推

限行吉凶訣

亨通顯達逢生旺　吉凶消息在其中

大凡限行生旺宫必吉悪耀冲併必凶又如生旺宫發限遇墓絶宫必　生即長生　旺即帝旺　傷悪星也　絶敗絶也　餘倣此

病患迍邅遇併衝　生旺發來墓絶死

此是交傷生死訣　墓絶發者生旺終

論回限

大限流年大耗宫　英雄豪傑一場空

更加祿倒必然凶　巨貞空劫火鈴位

腫到鐘鳴梦断處　限期到處不宜臨

貪破七殺多刑夭　湊此方能論生死　廉貞巨門火鈴星
限期依約莫來臨　四正三方二限見　黃泉急腳不須停
更加七殺破軍照　老人童子再無生

旦以日月星為記
有妨星旺相為地為福
有凶星會兩為兇
大小二限為必死

凡看諸惡殺曜三殺三合修沖逢太歲白虎病符死符臨限十年一生
人命年中有災月中有災日中有災或大小二限破財損傷人口或本身
青年喪亡又有急難本命中若有月上加殺并三件皆同一理斷若年月日
有卮吉星但取限犯惡殺加湊并其大限并日月上臨之最忌此必有
凶禍也命中有四正加殺并為僧道之人女人值之亦為尼姑加吉并富貴作
大限之戰財官双進　四正并子午卯酉寅申巳亥辰戌丑未
申月巳日亥時是也　如寅年

命逢四正最為奇　化曜科权祿最宜
女命尼姑寡可知　加殺化忌為僧道

論陰陽二宮

如陽人安命在陽宮身亦在陽宮終身為美落於陰宮雖美蹭蹬也陰
其亦然如子生人為陽丑生人為陰是也

論男亥女寅

如命男子坐亥宮女人坐寅宮紫微守命主南生并主富貴男子為要也
女人在山頭富貴皆双顯香閨足優游

論貪狼廉貞巳亥

貪貞於巳亥加殺主夭化忌更甚又過三十歲則有忌殺為凶遇吉多并
過此三十后發福久後不善終也　貪貞巳亥宮遇吉福全壽去
過三十後隄防不善終

論男女邪僻

貪貞破軍居陷地　遇劫化忌終不利　男為奸盜女為娼
因殺照命最無良　○貪殺巳亥居陷地　破軍卯酉不為榮
加殺遇劫為奸盜　此是刑邪之定論　數星落陷大助小人

紫破貪狼為至淫 男女居邪

梁同巳亥男多浪蕩女多淫 加刑忌殺湊 多下賤

天梁天馬為人風流

女命天同必是賢 子生人命坐寅 辛人命卯 丁人命戌 入格 丙辛人命申 壬巳亥 逢此 化吉 並美必潔

巨陷天机為破格 女命在寅申卯酉 並富貴不免 淫慾下賤

月曜天梁女淫貪 太陰寅申巳多主淫 宮必配賢夫 貪或偏房侍婢 若会昌曲同於夫

女人昌曲並聰明富貴只多淫

貪狼加殺同鄉 女偷香 男鼠竊

貪遇羊陀居亥子 男女貪花迷酒 喪身

廉貞清白能相守 女人甲己庚癸安命申酉亥子宮 丙辛乙戊安命寅卯巳 午星巳 若辰戌丑未反賤

巨门羊陀非身命疾厄羸黄困弱盜而娼

巨机為破蕩 女命巨机於卯酉 並富貴不免淫佚 若陷也下賤

天梁太陰女淫 梁在巳亥 陰在寅申 主淫佚 不陷衣食有 以陷下賤

梁陰酉 已作飄蓬之客

日月更兼貪殺会男多奸盜女多淫

貪廉同度男蕩女淫

女命貪狼多嫉妒 在亥子逢禄馬 不美

七殺單居福德女人切忌賤條疑

破貪逢禄馬男蕩女淫

女人生貴向貴得人寵愛文昌文曲不宜見

太陰魚在廟但安命昌曲不宜同度 若有羊鈴火忌不為娼即夭折

女人七殺臨身終不美 空劫再逢良夫子二宮 若雜姚忌更居福

德為娼婢疑 若有火鈴更明

七殺夫宮尅夫火鈴羊陀夾命亦主淫慾

女人火鈴二星守照沖命主淫 太陽為夫星 若失陷主配夫多子宮

天刑主尅子

女人会帝座遇吉事貴人 若分桃花会飄蕩落風塵 擎羊火鈴聚

鼠竊狗偷羣

天机女人落局羊陀火忌沖破主下賤 殘疾刑尅 若分天梁同位性 巧必淫奔 或偏房娼婢

七殺臨身終是夭

擎羊火鈴為下格 女人廟旺扶可 陷賤貧夭

紫微女命若逢殺破來冲 衣禄有餘 淫巧容

貪梁同度 乱礼乱家

廉貞大耗同為婚戶之訟　女人天同梁月沖破可作偏室
廉貞為次桃花若居旺地賭䞘迷花亦致訟　貪狼女主不潔
身命貪与破軍同居或居三合之鄉生旺之地男好歡和賭䞘須蕩
女無媒而自嫁輕則隨客奔走重則遊於歌妓喜見空亡反作端正
貪与七殺日月同宮男女淫邪　貪在財帛与武曲太月同主淫
巨门在夫妻宮即有對不免污名失節
女命天相若昌曲沖破為侍婢　女命天同太阴同偏房侍妾与通
天梁羊陀耗忌沖刑尅不潔　陀羅女主刑尅下賤
女命七殺旺地富貴四殺沖破刑尅不潔
破軍女命逢之無媒自嫁若沖淫蕩
女命文昌文曲若值之主貴若陷地沖破主淫若逢水星亦主淫
（巨火忌刑合貪破同垣或）七殺在夫妻宮不正
輔弼在夫宮主人定二婚

魁鉞女命值之吉多宰輔之妻命婦之論若加惡殺亦為富貴不免淫佚
羊陀日月同度女尅夫而夫尅妻刑併桃花風流惹禍忌貪狼合巡
因花酒忘身　女人火星旺地潔陷主淫
女人鈴星主不潔又主貪夭　地劫女命只可作偏房妓婢
女人天空地劫守身命若四殺沖破輕者下賤重者六畜之命
又主為妾婢　天刑逢貪主風流
天姚主淫加惡星破家又㳫同名犯刑六合重見少年主夭若陷限
不用媒招自成婚加紅鸞愈淫加刑羊主夭
廉貞貪破曲相逢陀火交加極賤儒定主刑夫并尅子只好偏房婢娼容
破軍女命不宜逢擎羊加陷便為凶尅害良人非一次須教常悲哭
文昌女命廉破巨陷地羊火忌机宿若不為娼終需夭或為偏房作侍婢

紫微在子宮獨守無相佐主孤　若遇破軍在辰戌丑未主為臣不忠

為子不孝　女命逢之作命婦加殺或沖破不為下賤

天機女命逢之為福壽再吉拱照主旺夫益子有权祿為貴婦虔陷

見浸月巨羊陀火忌沖殘疾刑剋　又武曲廉破会主双失目即殺沖亦好善

孝義六親　紫微女命会吉清秀旺夫益子

太陽女人廟旺主旺夫益子加权祿貴　偏垣逢暗度貪賤不可言

男人必剋父女命夫不全　忌破羊　女命太陰陷地剋夫子妾妓之輩

武曲女人吉多為貴婦加殺沖孤剋

天同女人逢殺沖刑夫剋子　梁陰沖作偏房会吉作命婦旺夫益子

天府女命陷之清正机巧旺夫益子　無殺沖亦善逢紫左右同垣為命婦

太陰逢巨羊剋妻　貪狼夫妻皆不美命坦陷地剋夫子且不正

天梁廟女人旺夫益子　若羊陀鈴忌沖刑剋　又淫

七殺在子主孤　在夫剋　文曲女命不宜逢水性楊花忌入土宮

左右女人賢良有壽　火忌四殺沖不為下賤　化祿女人吉多作命婦

化权女人陷之内外秉意可作命婦　化科女命吉拱主貴

化忌女人主貪夭　羊女人入廟吉好加殺耗沖主剋

陀羅女人主剋　獨守主淫　廉貞入廟逢化祿机巧清秀旺夫益子　不中婦道多是非

火星女人旺地潔陷地主剋夫刑子又下賤　又剋六親

鈴星女人無吉曜刑剋六親　七殺女人廟加权祿旺夫益子陷逢羊火剋賤

祿存女人嫁夫旺財清白秀麗　左右魁鉞女命逢之旺夫益子　女命巳生子宮甲生午宮庚生辰宮

天相之星女命纏必當子貴夫賢　甘貴格

右弼天相福來臨　女命紫微在寅午申宮旺夫益子

巨門女命陷地剋夫子丁人愚極淫　大不宜女人

陀羅女命内狠外虛凌夫刑子不和六親又無廉貞辰戌丑未生人剋

命

紫微守命坐寅方天府同宮最妙左右昌曲合加会两相帮七殺

朝拱掌握威揚寅午戌合星斗明朗再祥命主　某　星循良壽元乘

旺富壽無疆台輔牆拱景星鳳凰天門月照声價琳瑯光射斗牛

普照四方身星坐　某　福履康莊五行気魁蘊玉生光主人瑰瑋邦

家柱梁佳人破軍重卜坤裳四宮坐貴三杰傳芳薪行　某　限吉星

之鄉名登仕籍日出扶桑峥嵘頭角烏帽錦裳双南溢罰九粟

盈倉維皇眷德福壽陵崗蟾從闕後龜鴨申樺光來春　某　月左輔文

昌代科得令政績著揚　某　年　某　星夜雨瀟湘財丁損抑骨肉参商

想翅終吉視履考祥喬遷　某　限彩鳳翺翔出司郡佐報績聖皇

希蹤卓魯接武龔黃郎院練撤交起旌揚名崇五岳利澳三湘

肖嗣脫穎蘭吐天香　某　限逢陀尤見剝床　某　星救護薑茲蒲

墻秋風乍起蕙鱸味香高掛茱萸旋歸錦堂十年某限福壽寧
康重茵列鼎冠蓋聯翩天壽星輔僉燦僉昌華封之祝嘖嘖
道傍惟到某星雲掩無光梁木其壞哲人云亡
祿坐命垣巨門居中隱玉名彰逢生無剋理恭謀三方四正吉福壽等
陵嵩右弼歸垣互守化权掌握鑑聯身宮魁鉞拱貴格定尋常生
人丰神卓偉表表景星鳳凰胸怀今古富琳瑯功名盾有傍何必
徙惶次究星命某星逢得地高強壽或金水会蛇鄉文昌文
曲盡光芒加会得照合定擬發科場官福二宮星美生平作事端
莊身居奴僕靜中忙事宮逢七殺正副免刑傷先虛後實輝煌現
今限步正輝光早奪焚舟計雷劍吐光芒小限恩光台輔文章取
試名揚現塲補廩喜洋洋流昌曲星集誰識一穿楊某限行來顯
達中年貪武為良門庭生色喜非常財源春水漲志氣吐眉揚

某年忌某星宜慎內外憂傷尤宜懲忿懲親遠奸佞某仍交來
七殺紫微剋伏禎祥巍然超拔聲名香拜官居百里德政嬈襲黄
某年有厄畏須知到此驚慌尚喜某星為福依然福履無疆行
交限某十年康部院馭紘微黔庶植甘棠某限桑榆暮景東籬
陶菊金黃蓴鱸美味遲三荒二蹊從解組看子紹書香某年某
星為忤某星相党相戕儼然一夢熟黃梁海人其萎矣空
為裂肝腸
破軍入廟勢汪洋專权掌握振八方七殺棱棱三司正令貪狼照合
得相封分明有倚無偏究文武材能佐庙廊制伏擎羊还有氣凜
凜威風就敵當次究星盤無陷落水歸剋子定榮昌命主星臨官
祿位鳥紗黑髮不尋常又昌文曲臨旺地喜居巳酉得循良入廟
相生直子午重权高爵不須量斗星布列腰金客數局微明衣紫

命主人志氣凌霄漢魁梧儀表魏堂堂椿樹萱花沿寵握時前去
棣萼芬芳佳人天相星似老森森丹桂紫微郎誚看於今行某限星
佳福集助身孫流年吉遇科權祿科甲文昌今吉祥有神鎖名強俱
渭意争看騰踏早飛黃金門待漏逼逼夜榮錫鳥紗到髮霜就此
拜宮榮樟里斗刀小試向琴堂某年文節前星逐後吹徹梨花覆道
傍某限交來某星好乘風之鳥順風帆六六東西仍謹慎伏臨蜀
道與羊腸親疏內外防受倂刮地西風起白楊再交某限輔弼美
輔身守躍喜淨洋泪和鼎鼐為舟楫金甌覆姓理朝綱還看有福
遊上国封章文賀沃恩光某限犹是某作福寒蟬哽咽㮚斜陽傷情
流滿関山流頓覺災生有幾場某年行来仍舊好赫赫声名震朝方
仕路悠悠八卦外功成衣錦渭還鄉六旬幾歲將傷壽花落鶯声滿地
香雲騰鼎壺犹去远月明華表鶴帰忙

星守命性極靈金白偏宜水愛清金生水垣得依仗文昌及第是
蘭馨今日斬為日屋子欣看化年榮祖親主人顯異魁梧表詞館
文章可立身堂上椿萱盡怙恃凌雲鴻鴈喚來寬佳人早中雀
屏選繼後徐鄉扳第偷且道於今壹庚事月孫百日稍遭迍
一週干日仍災咎花陷驟雨損根荄幸賴星盤有吉耀妖霾
掃盡見祥祭年臨幾歲初行限萬紫千紅總是春某年祿馬逢
宮化中年皓月被雲迷年過二八行某限臁慎風輕蘭麝薰洞房
花燭搖金影盈门百輛車聲鄰書義精微勤講究放心收斂
莫他求某年某星為上歸災消福集喜頻頻若問終身非
小就何壞當年春楚申某年某二星守祿馬扶身喜氣臻時
習工夫亟勉力養成頭角冲汁牛脫交某限某星亮鹿鳴佳

宴賦詩歌從此成某年交運轉廷式對策金鑾殿宮花斜插醉瓊
林滿門富貴福聚某年某限須有厄未免災疾與丁憂交依其
限非常妙高遷爵位秩加增君家何幸有此際三四十年祿
位顯生前姓字題金榜身後文章不朽磨
天相未垣身命某對宮某宿喜朝垣身星輔弼來加會三方曾吉
命神戰台輔到命不逢空盛世英才從此見焚膏繼晷向芸窗萬
志穩期登月殿趨庭聞禮與聞詩少年懷抱溫公見機闗百出萬
舉兒智識謀深應不測双親百歲沐恩榮棠棣田身命共倫佳人
金石同偕老丹桂傳芳朶朶馨某限某星善入廟青燈夜雨要留
心氣質陶鎔人俊雅二八遊芹歷世英某限之中廿五年文昌科
祿吉星臨百步穿楊應一箭春闈秋榜占魁先承恩出世花封縣
重望重權樂陶陶眼帶換却金帶旋六六前後六七傳惡星作禍

憂當見某宮某星喜又來滚滚紅塵拂人面官居憲副却歸來裕
壽恠恠猿鶴怨
貪狼酉火同申垣戊己生人合格妍破軍七殺相扶照何妨惡殺在水
纏擄此斗數之理論青年擬看祖生難便魁鉞三合身命內科祿夾
命主希賢前後星曜有序循何憂富貴不双全椿樹萱花福祉發谐
前棠棣樂翩翩佳人賢淑同偕老繼後双成朶朶鮮且論如今在
某限犹如花柳爭春妍放心收却歸膛子須生韓琶與鄭琶趣巘
相看符吉要笑賀重開湯餅筵某星到某限文星光射斗牛邊芹
宮燬水魚龍化名掛儒林翰墨脫某看看某年近乘風休駕子陵
船某年喜会某星美食廩科場妙莫言花如羅綺春光艷入喜重
重後秀賢四八東西左與右喜中尤慎有憂疑某年流祿科星集
鹿鳴宴上許爭先金勒馬嘶芳草地玉樓人醉杏花天拜官百里

声名振子继書孫又贤、二十餘年重擢職位看金带繫腰纏寿、
元其歲裡談笑入桃源
命旺身強格理良、三方四正吉星彰、天梁庙午守命局、化禄清高
貴莫當、天壽旺台輔強、左右文昌喜非常、化禄化权交加拱定、拜
皇恩入帝鄉、百歲双親膺紫誥、二宮逢陷孤单貞、臨三位配淑
賢良、子星得地、克紹書香、且論日令行、其限其生不喜見、箄第一
交、其限吉星、駸遊泮璧、期幇補糧、當此步蟾而折桂、鹿鳴宴上喜
揚揚、藍袍脱換青袍著、閭里争先观道傍、燦燦登妻聯碧漢、錦
绣竹奏絃、樓再入、其限科禄化、春闈三戰奪魁名、官居此令承恩
寵、廣施善政、牧斯民男兒大志從此展、列此英名正列、車轔、其限之應
防一厄、檮岗風木悔憂刑、幸得尚有祥星集、蟾從食後展、此明、某
限官鄉名顯赫、重陞按擢耀神京、于公大夏容車馬、謝氏芝蘭庭

下生古稀一到春光逝、暗脐陽闈別故人
紫府同宮、格喜得輔弼纏、才官兼吉曜、名利自然全、當生不合局、
格理难将貴宿作虛言、三方若見羊陀混、又別青雲足下生、妙得
金星司財庫、期君早富並春申、命主臨財財巨萬、尊星守命福盈
餘、縱逢魁化何為害、君子小人涇渭分、太陽星陷必先逝、太陰光
陷母年延、紫棣花枝墜惡殺、在其垣、貪狼居妻位、硬配没刑煎、
子宫北斗兼南斗、彩蓮生見後麒麟、試論於今限、某星此星惡
虐要调停、落花不是無春色、只為風光轉換頻、某歲又交其星限
其星得地、主昌榮更妙、喜色重重吉明珠、常捧掌中珍、向陽花
木春無限、得水魚龍氣象新、四九年臨某限裡、直行蜀道阻其輪、
交東某限星庙旺、雨过江山一畫屏、東鄰告借分然、到西室償錢
不佳、停某年某限得吉、他人安物泰、喜洋洋、盈田伴添田屋伴屋

樓竪碣月紫迷雲某年之內某月裡八珍湯散服頻頻尚幸大
限無殺忌迎誇老景愈安寧老梅經雪香猶在竹看芝蘭絕勝榮
某年之內春已艾子規啼罷恨長城
天府化合星俊麗喜居酉丑位堪使天魁天鉞迎結局推求壹造
是驚呀分明科祿相朝拱富敵陶朱不須論七殺廉貞重叠助財
星輔弼守榮華無刑無剋真堪美名高德厚衆欽嘉椿靈鶴算如
山峙萱草光潤漫嘆嗟某宮天同登廟旺芬芬棣萼有奇葩佳
人早叶盧崔配雲仍後裔有蓨蝸試論於今在某限泰來否去
履殊砂春拂樹枝風弄綠花香猶自覩紅霞堆金積白齊山岳
紅塵滾滾過野賒限臨某歲逢魁戰忌聽單子奏暮笳命身稳
莫驚嗟雲收皓月展光華某星某限真可愛內屏步障樂無涯
萬物靜觀皆自得朝朝開寶度韶華惟於某歲某星併名為
樓木與移花六出瓊花飛滿地隨風飄泊到人家怡怡行到
某限裡重看兒童折柳花高架元龍樓百尺太阿燁燁遇張
華限至某年將近晚此際叮嚀是鼠牙再交某限某星守子喜
孫榮聚一家此去難容娛晚景福壽康寧五福齊某年某星
為倒限乘鸞駕鶴赴仙樓

小兒論斷

夫小兒甚其局數與大人有異但有春夏秋冬四季關殺如小兒犯之不論當生星宿只看童限太歲流殺并命與身殺加臨如皆見凶必然難養若身命得坐帝祿守照太歲逢吉雖關何害不過多生疾病而已（帝即紫微　祿即祿存）

論人生時要審真切

如人正月初一日子時生上四刻仍作上年十二月夜子氣節下四刻方作正月初一日子時推　又如初一日午時生若卯時立春便作正月若寅時生未交春還當作上年十二月節推命

又如人生子亥二時最難定準要仔細推詳如子時有十刻上五刻屬昨夜亥時下五刻屬今日子時如天氣陰雨之際必須羅經以定真確時候若差訛則命不準矣

凡小兒初生命中星辰廟旺大小二限未行斷其災少易養父母无尅
若命坐惡殺及纏陷地大小二限未行斷其災多難養父母有尅

定小兒童限訣

一命二財三疾厄　四歲夫妻五福德　六歲官祿順流行
七八九歲皆同隔

凡小兒不問男女但在命宮為一歲財帛宮為二歲疾厄宮為三歲餘倣此每宮依吉凶星斷并要看流年太歲所值吉凶神臨及童限出後方以大人小限論

定小兒生時成形論

子午卯酉單頂門　或偏左邊二三分　寅申巳亥亦單頂
偏居右去始為真　辰戌丑未是双頂　胞胎受定正時辰

又

子午卯酉面向天　寅申巳亥側身眠　辰戌丑未臉伏地
臨盆當試用心堅

又

子午卯酉時生人單頂正身軀小巧声音响
寅申巳亥時生人頂大偏長大身軀声大
辰戌丑未時生人双頂　偏此小中等身材

又

子午卯酉頂正　寅申巳亥亦正　辰戌丑未頂偏　文昌文曲有瘡
寅卯辰時瘡青　巳午未時瘡紅　申酉戌時瘡白　亥子丑瘡黑

又

博士力士斷其上短下　青龍將軍決定腮小頭圓小耗大耗鼻
仰唇縮或歪邪痴符　声高性雄官府奏書逢凶曜落地皆氣
白虎太歲逢七殺幼弱遭傷須分生尅制化之垣更看帝祿盛衰
之地後觀閑殺方知壽夭窮通

論小兒尅親

如寅午巳酉生人見辰戌丑未時最妻子申亥卯生人次之

若寅亥巳生人見午申酉亥時主先尅父出十六歲則不防

若辰戌丑未生人見子午卯巳申酉亥時生主先尅母

小兒夭命　此命日月反背太陰守命在辰失陷又遇天刑化扨其

雖養必夭此人生在巳卯三歲童限在亥卯生人又防巳亥歲限又

逢天使鐵蛇関冲故死於三歲

小兒夭命　看本宮守命星本宜易養但命逢七殺羊陀空扨相

夾若非夭即主不慎命宮虽有紫祿三方凶多何能勝之故九歲亡

孤夭命　此命在亥狼貞俱陷又逢化忌虽有天魁貴人生長生

亦命用（空劫夾命）三方又見羊全會合（刑殺）二十九歲小限入於絕化太歲又在化

餌故得狂邪之疾亡

定小兒関殺

百日関　寅申巳亥月　忌辰戌丑未時

辰戌丑未月　忌子午卯酉時

子午卯酉月　忌寅申巳亥時

凡遇月建寅申巳亥四个月犯此辰戌丑未時是也　此只忌百日之內遇之無忌

短命関　寅午戌龍當　巳酉丑虎鄉　申子辰蛇上

亥卯未尋羊　以生年為主時上犯之是也

鬼门関　子生怕酉午嫌丑　寅未申卯不相安

亥怕辰宮戌怕巳　定然號泣鬼门関

鐵蛇関　寅午戌人龍自當　巳酉丑人入虎鄉

申子辰人蛇位上　亥卯未人羊上藏　以年支生人取之

金戌化為鐵　火向未申絕

木辰枝葉枯　水土丑宮滅

四柱關
正七休生巳亥時　二八辰戌不堪推　以生月為主在時上犯之是也
三九卯酉生人惡　四十寅申主哭悲　五十月丑未死
六十二月子午直　小兒若犯此關殺　父母不久主分離

◎四季關
春關牛與蛇　夏月龍猴嗟　如春三月生人逢巳丑二時甚凶亦安巳丑二宮　餘並倣此
秋怕豬羊位　冬犬虎交加

埋兒關
子午卯酉生忌牛　寅申巳亥去覓猴
辰戌丑未卯上立　若有時犯子難求　主尅子縱有不有

◎將軍箭
酉戌辰時春不旺　未卯子時夏中亡
寅午丑時秋必忌　冬防申亥巳為殃　春三月生人逢酉戌辰時便是
一箭射人三歲死　二箭須教六歲亡
三箭九歲兒將去　四箭十二命定傷

金鎖關
子丑辰巳嫌犬　寅卯嫌蛇午未羊　子丑辰巳午生人逢戌生是也亦安戌宮同餘倣此

白虎關
申酉生人偏怕鼠　戌亥之年豬上當
火人白虎須在子　金人白虎卯之方
水土生人白虎午　木人白虎酉中藏　以年干納音五屬生人忌之安宮分

閻王關
春忌牛羊水上波　夏逢辰戌巳亥見閻羅
秋生子午人難保　冬季生人雞兔寅磨　以四季春夏秋冬取之

浴盆關
浴盆之殺最宜良　春月忌辰夏忌羊
秋季犬兒切須忌　冬月逢丑定須傷　以四季月取之

雞飛關
甲巳巳酉丑　庚辛亥卯羊
壬癸寅午戌　乙戊丙丁子　十干生人忌之

急腳關
春三亥子不過關　夏月卯未分申間
秋寅戌位還須忌　冬丑辰宮死不難　春三月生人遇亥子時是也亦安亥子宮餘同此

無情關
春生寅酉子　夏生戌亥巳
秋生申丑亡　冬生子午死

雷公打　甲乙逢牛馬不祥　丙丁見子有災殃

腦閣　戊己生人逢犬位　庚辛又怕虎來傷　甲乙年生人逢巳午時是也亦安于子丑宮餘同此

壬癸生人雞豬是　若無解救見閻羅

金鎖題　正七逢申人必死　二八雞鄉命必危

三九犬兒難活命　四十逢豬是鎖題　正七月生人逢申卯申時是也

五十一逢子必死　六十二兮丑相奇

埋兒殺　子午卯酉年生人忌丑時　辰戌丑未年生人忌卯時

流霞殺　甲雞乙犬丙叉羊　丁是猴鄉戊是蛇　犯者男死他鄉女主產後亡

己馬庚龍辛逐兔　壬豬癸虎是流霞

春限殺　犬逢雞子宜徒配　兎兮蛇　走遠鄉　以時日取屬

晃見犬兮當惡死　馬牛逐虎定相傷　兎猴逢犬難迴避

龍來未上水中夭　凡人若值此時日　三合為災仔細祥

鬼限歌　鬼限原來最可憂　欲知壽夭向斯求

金哥出去休騎馬　火弟歸來莫跨牛　如命屬甲子乙丑海中金逢午時是

木遇兔神須遠避　水逢雞位實堪憂　以生年納音取之在時上

土人切忌臨豬上　難保光陰到頭白

天狗殺　子人見戌　丑人見亥　寅人見子　卯人見丑　如子年生人逢戌時或戌宮安命是餘同此

辰人見寅　巳人見卯　午人見辰　未人見巳

申人見午　酉人見未　戌人見申　亥人見酉

斷橋關　甲乙巳酉丑　孩兒難保守　庚辛亥卯未　父母淚常流

壬癸寅午戌　生兒不見日　丙丁戌巳子　不過三歲死

五鬼關　子人見辰　丑人見巳　寅人見午　卯人見未

辰人見申　巳人見酉　午人見戌　未人見亥

申人見子　酉人見丑　戌人見寅　亥人見卯

天機
天梁 以上二星坐命達之奪天权

七月廿日 壬子

命主 三 六局

未 田宅 七殺 廉貞 劫 桃花 病 歲六十三 大限

午 福 文昌 天梁 化祿 喜神 哭 封誥 歲六十二

巳 相 飛廉 天相 歲六十

辰 命 官 奏書 巨門 六歲

卯 兄弟 台座 天刑 貪狼 紫微

寅 妻 小耗 天機 太陰

丑 青龍 化科 天府

子 財帛 太陽 力士

亥 僕役 博士 破軍 武曲

戌 遷移 八座 天同 歲六十六

酉 疾厄 天使 伏兵 歲六十五

申 官祿 大耗 文曲 歲六十四

小限

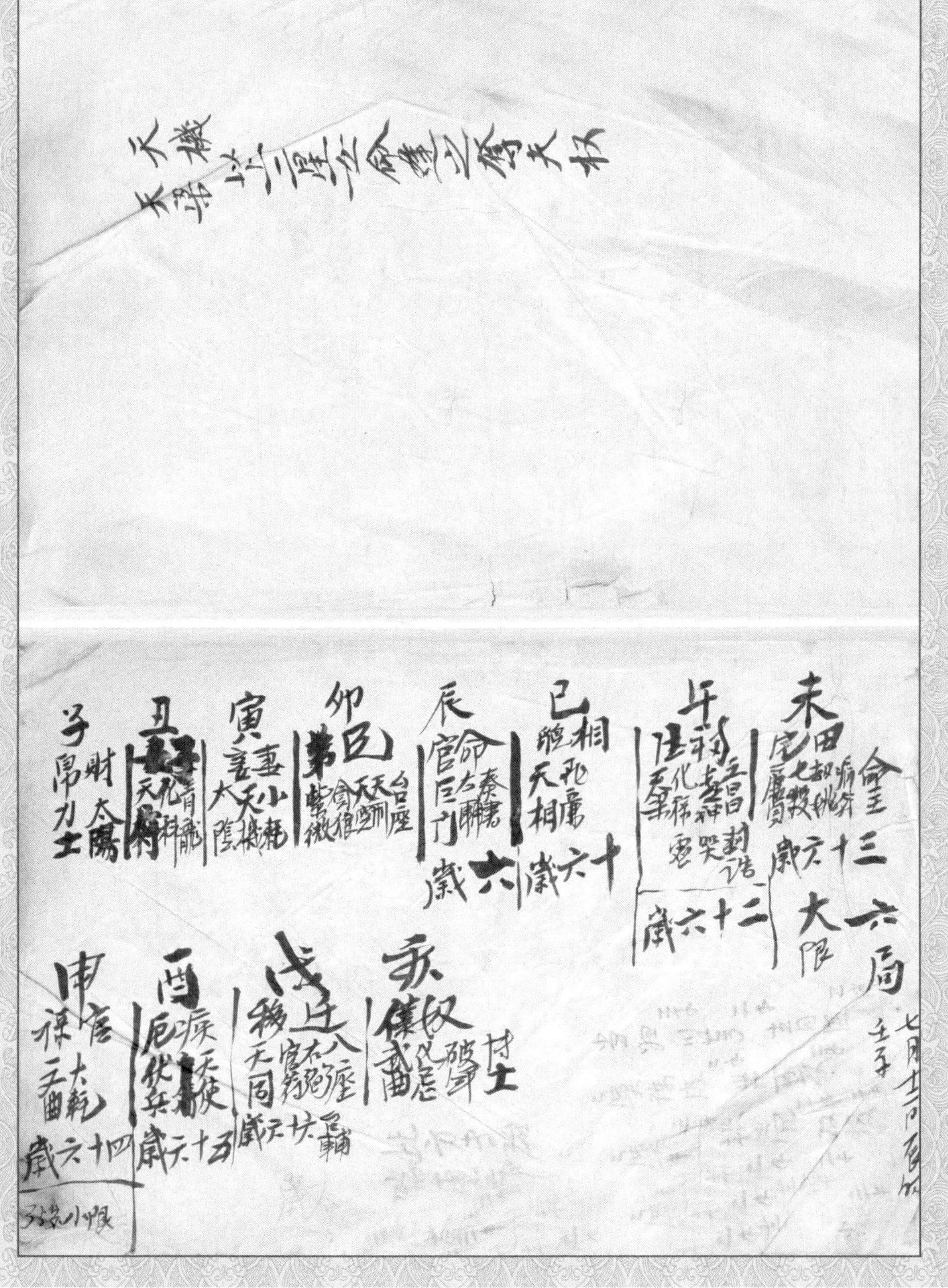

安身命例

大抵俱從寅上起正月順數至本生月止。又從本生月上起子時。逆至本生時安命。順數至本生時安身矣。

安十二宮俱是逆行男女皆是切記不要順行

一命宮 二兄弟 三妻妾 四子女 五財帛 六疾厄

七遷移 八奴僕 九官祿 十田宅 十一福德 十二父母

安南北斗諸星訣

紫微天機逆行傍。[illegible]陽[illegible]隔武天同當。又陽二位廉貞也

空三復見紫微郎　天府太陰共貪狼　巨門天相及天梁

七殺空三破軍位。八星順數細端詳。

安文昌文曲論本生時

子時起文昌在戌上。逆至生時安文昌。文曲從辰上行排

順數生時是本鄉

安左輔右弼星論本生月

左輔正月起於辰。順逢生月是貴方。右弼正月起於戌

逆行正月往前攻

安火鈴二星訣

寅午戌人丑卯方。子申辰人寅戌揚。巳酉丑人卯戌位

亥卯未人酉戌方

安祿權科忌四星變化訣論生年天干而化

甲廉破武陽為伴。戊貪月弼機為主。壬梁紫府武宿遷

乙機梁紫月交侵　己武貪梁曲最平　癸破巨陰貪狼位

丙同機昌廉貞位　庚日武同相為首

丁月同機巨門上　辛巨陽曲昌至臨

安天空地劫論本生時

亥上起子順安劫。逆行便是天空鄉

安天傷天使訣

命前六位是天傷　命後六位天使當

天使安在疾厄宮　天傷安在奴僕宮

安十二宮太歲截祿神歌訣

博士力士及青龍。小耗將軍及奏書。飛廉喜神病符歸

大耗伏兵至官府　吉凶從此分禍福

陽男陰女順行　陰男陽女逆行　俱從祿起

安天刑天姚星訣

天刑星從酉上起正月順行本生月安之

天姚星從丑上起正月順行本生月安之

安三台八座二星訣

三台須尋左輔將初一日加在左輔宮順數至本生日安之

八座須尋右弼將初一日加在右弼宮逆數至本生日安之

安天哭天虛星論本生年支

天哭天虛起午宮。午宮起子兩分蹤。哭逆巳兮

虛順未。數到生年便居中

安台輔诀

從午宮起子順数至本生時安之

安龍池鳳閣論本生年支

龍池子順辰。 鳳閣子戌逆

安封誥诀

從寅上起子順数至本生時安之

安喪門白虎弔客官符四星诀

流年太歲前二位是喪門後二位是弔客

喪門對照安白虎 弔客對照安官符

安斗君即月將星是也

於流年太歲宮起正月。逆至本生月。又從本生月。起子時

順数至本生時安斗君。

太歲宮中便起正。逆尋生月即消停。又從生月宮輪子

順到生時鎖斗星

安天德月德解神诀

天德星從酉上起子順数至流年太歲上是也

月德星從巳上起。在巳宮起子順数至流年太歲上是也

戌宮起解神先起子逆數至流年太歲上是也

安大限訣

陽男陰女從命前一宮是父母。陰男陽女從命後一宮起兄弟宮

安小限訣不論男女俱逆行

寅午戌人臨辰宮　申子辰人起戌宮　巳酉丑人起未宮　亥卯未人起丑宮

安命主訣

貪狼子宮　巨门亥丑宮　祿存寅戌宮　文曲卯酉宮

破軍午宮　貞廉申辰宮　武曲未巳宮

安身訣　依身宮為主

子午人火鈴星　丑未人天相星　寅申人天梁星　辰戌人文昌星

巳亥人天機星　卯酉人天同星

安童限主

一命二財三疾厄四妻五福六官祿餘年順行一限流十五

命宮看端的

諸星分屬南北斗吉凶并分屬五行

紫微居土 南北化帝座為官祿
天機居木 南斗化善，爲兄弟
太陽居火 南斗化貴為官祿
武曲居金 北斗化財為財帛
天同居水 南斗化福為福德
廉貞居火 北斗化殺囚為官祿
天府居土 南北化令星財帛田宅
太陰居水 南北斗化富為田宅
貪狼居木 北斗化桃花殺禍福
巨門居水 北斗化暗為是非
天相居水 南斗化印為官祿
天梁居土 南斗化蔭為壽星

七殺居金 南斗化將軍遷移為權
破軍居水 北斗化耗司夫妻子女奴僕
文曲居水 北斗化科為甲星
文昌居金 南斗化科為文魁之首
輔弼居土 南北斗化貴星
祿存居土 北斗化爵貴壽星
以上八星俱南北斗正曜之星
鉞魁二星居火
火星居火南斗
擎羊居金北斗
陀羅居金北斗
鈴星居火南斗
天空地劫居火

天傷天使居水
化祿居土
化權居木
化科居水
化忌居水

論星辰之入垣或出垣

太陰居午謂之日麗中天。有專權之貴，敵國之富。
太陰居子號曰水澄桂萼。得清要之職，忠諫之材。
紫微輔弼同宮。一呼百諾。居上之貴，九五之尊。
祿存守於田財，堆金積玉。
天梁坐於遷移，巨商高賈。

太陽文昌於官祿宮，皇貴金美
太陰文曲於妻妾宮，蟾宮折桂

以論之星

七殺廉貞同宮。路上埋屍。
破軍巨門同鄉水中作塚
祿居奴僕縱有官也奔馳
耗居祿位三生逢乞食。

殺居絕地。天年夭似顏回。
忌巨同居身命。疾厄有病
刑殺廉貞含官祿。枷杻難逃
刑殺如於遷移。再鄉遇配。

命會旺宮。終身命盜　七殺臨於身命。加惡殺必死之
輔弼單守命宮宗庶出　殺羊合於命宮。迁移須當刑戮
羊陀七殺限歲莫逢。逢之定有刑傷。劫空傷使在內合斷天哭傷流年莫逢。破
南斗主限必生男。北斗加臨先得女。紫微遇破有產奇大行
殺臨三位。定然妻子不和。巨門到二宮必是兄弟無義　刑殺守子宮
難諸老。羊陀居疾厄宮。有眼目昏盲。火鈴到遷移。長途寂寞。
曲星刑賊位。主人多勞。官祿遇紫微。富而且貴。田宅遇破耗先破後成。
空劫于福德宮。命主無力。相貌加刑殺。刑忌難免。
日在旺宮。可學八百年之彭祖。凶星交会於相貌。千般刑傷其面
七殺臨于陷地。流年必見死亡。流年于七殺必定荒
身命最嫌羊陀七殺。于之主凶。二限最忌會破巨廉。逢之定然作禍。
命于昌魁紫府貴。限逢紫府定財旺。命限于入擎羊東作西成。

羊陀会惡星生為奴為僕。武破廉貞會狼。因謀而貴顯。加羊陀
空劫又小志以孤寒。命身于紫府疊積銀玉。命身逢劫空。衣食
不足。謀而不遂。命身逢輔相科权祿拱。定為富貴之人。
身命会空劫羊鈴。作九流之術士。昌曲加命身宮。主文學詩雅
命身会羊陀陷地。主詭詐浮虛。天機天梁擎羊会　早有刑而殘
且孤。會狼武曲廉貞逢。少受奇而後享福。為人多學少
成。身命逢劫殺羊陀。為人好訟。蓋因太歲于官符。

論女人之命。首看夫子二宮

夫宮值殺星。定三播而必不足。若逢羊陀。且常哭而淚不乾

論小兒命

小兒命坐凶鄉。三五歲必然夭折。更有限逢惡殺。五七歲必主哭亡。

紫微論

天機論

太陽論

武曲論

天同論

廉貞論

天府論

紫微遇落空亡、兄弟、奴僕、疾厄、相貌四陷宮。主人勞碌作事無成。居辰戌丑未地為臣不忠不孝。七殺并破軍，無光與不測。羊陀及火鈴，並與孤獨之會，與患有啞聾。武巨廉破會，兩目少光明，二限事無成。

太陽在戌亥子為失輝，逢巨破一生勞碌，貧怯更主眼目有傷。與人寡合，招事非。女人夫星不美，事見先剋其父。

生西北生人東南生平常，不守祖業。四殺冲破孤貧而夭。殺會於震宮必見木壓雷震。破軍貪會於坎宮溺。

天同星主文墨精通，十二宮中皆曰福，無破遇為祥。身命逢為次，桃花居旺宮，迷賭博，花而致訟。角巨門會於陷地則於官事口舌。會財帛宮兼合祖業，必承祖財。

天府為祿庫，入命終是富。不畏四殺冲衝，咽置田庄家資與倫數。女命坐者聞，男人食天祿，此星福壽星。以奴僕相貌為陷地，以兄弟為平。身命逢，主夫妻子女不缺。

太陰論

貪狼論

居卯辰巳午未為陷地。主母有災。逢白虎喪門弔客妻亡。與之遇陀在疾厄為目疾，遇火鈴為災，值貪損目，流年逢之主其災。

貪狼為桃花殺。會破軍遇花惡酒而喪命。會祿存主吉。遇耗主虛花。會廉貞不潔。男兒七殺或配以遭刑。遇羊陀主有屠殺疾。逢刑居有斑痕。二限為禍非輕。會七殺同守身命，男有偷盜，女有偷香之態。逢吉壓不能為禍。衆必聚其好賭藏蜜花不潔。與人交厚者薄。若再遇文曲，貪狼入廟必為娼。若身命與破軍會衆，更居三合之的生旺之地，男好飲而賭博游蕩，女人無媒而自嫁，淫奔私心。輕者為奔奔動，重則逃走歌妓。古書云：逢羊陀主難逃。與武曲同居，為人奸貪，每肥己之心並無舔人之意。與廉貞居亥，公庭必遭遇刑。七殺同居必為屠宰。羊陀交併，必作風流之鬼。昌曲同位必多虛而少實。與巨門同度，口舌是非。在兄弟是之地。在田宅破祖業，先富後貧。奴僕廟旺，必因奴僕所破。在夫妻子女俱不美。在疾厄羊陀主酒色之病。在遷移生火鈴破耗巨殺併。流年歲殺疊併。則主與火盜賊相侵。

巨門論

在身命一生。招口舌之非。在兄弟則骨肉參商。在夫妻主隔角生離死別。縱夫妻有對。不免多名失節。在子息損後方招。果有而無。在財帛有爭競之憂。在疾厄逆刑忌眼目之災。殺臨之主殘疾。在遷移則招是非。在奴僕則多怨逆。在官祿主招刑杖。在田宅則破坏祖業。在福德則偏艱。在父母宮則遭棄擲以

天相論

看人命身逢之言語誠實。事不虛花。是人有雅有測隱之正。是人要攙不平之氣

天梁論

天梁星為壽星。安命对宮有天梁主有壽。命有天梁星在逢合狼同宮主亂礼乱家

七殺論

在命宮及限。不主夭折。亦主顛沛。在官祿消地化禍為祥在子息主孤單。在夫妻主鴛鴦衾半冷。會刑囚。在田宅父母刑傷父母之產業。會刑忌殺。在遷移疾厄終身殘疾。

破軍論

在身命宮。主人暴凶狡詐。其性犯獨。與人寡合。損人利己之心。視六親如寇仇。處骨肉無人義。女人淫亂無恥。會天机則飄蕩狗盜。與廉貞火鈴同宮。則決起官方。與巨門同度。則口舌争鬥。與刑忌同度。則終身殘疾。與武曲入財帛宮。則東傾西敗。女人逢之無際自緣。喪節難流。在兄弟骨肉參商。在夫妻不正主婚姻進退。在子息先損後成。在財帛如湯澆雪。在遷移奔走無力。在奴僕謗怨逃走。在官祿主清貧。在田宅祖基破坏。在福德主多與。在父母破相刑傷。

總論星辰之標語

紫微破軍命在辰戌居之。為人臣不孝不忠

天府天相天梁同宮及三合对照居命。君臣慶會。

天相廉貞擎羊夾多。居命招刑杖難逃。

天梁天同居巳亥命。男多浪蕩。女多淫
天機天梁会命居命及迁移戌宫為並論
文昌武曲居四墓卯酉巳亥命。為人多學多能
文昌文曲臨于丑未。命時逢卯酉正天廚
武曲破軍会命。主破祖破家。勞碌
武曲廉貞貪殺。便作經商
貪狼迁鈴火四墓宮。富豪家資。侯伯貴。辰戌宮佳
貪狼入廟壽元長。
貪狼子午卯酉。鼠竊狗偷之輩。終身不能有為。申子辰寅午戌亥卯未巳酉丑子午卯酉安命
貪狼廉貞同度。男多浪蕩女多淫
貪狼巳亥加殺不為屠戶亦遭刑。享福不久
貪狼加吉坐長生。壽考亦如彭祖
貪狼加殺同鄉。女偷香。男鼠竊

貪狼女命相逢多嫉妒
七殺二廉貞破軍会迁移宮。死于外道
廉貞白虎相会刑杖難逃。
廉貞羊殺居官祿宮。枷杻難逃。
七殺火羊貧且賤。屠宰之人
七殺臨身終是夭。
破軍巨門同照。水中作墓
破軍羊鈴居官祿。到處乞食

論女命之星辰

巨門天機為破蕩。
天梁月曜女命貧
擎羊火星為下賤
武曲之星為寡宿
貪狼內狠多淫亂
文昌文曲全不美
破軍一星性難明
七殺吟吟福不榮

十夫干化祿當昌。女命逢[illegible]文昌。更尚祿存相湊合。
旺夫益子受恩光。

火鈴羊陀及巨門。天空地劫又相臨。貪狼七殺廉貞會。武曲加臨剋害侵。
三方四正嫌逢殺。更在夫宮福患深。若值本宮無正曜。必主生離剋害真。

論男人命

火星鈴星專作禍。劫空傷使禍重。巨門忌星皆不吉。運身命限忌相逢。
更兼太歲官符至。官事口舌決不空。吊客喪門又相迓。官教疾病兩相攻。
七殺守身終是夭。貪狼入命必為倡。

凶星論

羊陀火鈴空劫傷使。

正曜凶星

七殺破軍巨門。貪狼 忌星。

天同居水南斗化吉福蔭星
武曲居金北斗化吉財帛星
太陽居火南斗化貴官祿主
天機居木南斗化善兄弟
紫微居土北斗化尊官祿主
論諸星分屬南北斗化吉凶四行

論諸星分屬南北斗化吉凶分五行

紫微屬土化帝座為官祿主

天機屬木南斗化善為兄弟

太陽屬火南斗化貴為官祿主

武曲屬金北斗化為財帛星

天同屬水南斗化為福德星

子宮貪狼　巨門亥丑宮　祿存寅戌宮　文曲卯酉宮

破軍午宮　廉貞申辰宮　武曲未巳宮

安身主

子午人火鈴星　丑未人天相星　寅申人天梁星

辰戌人文昌星　巳亥人天機星　卯酉人天同星

安童限訣

一命二財三疾厄　四妻五福六官祿

餘年一歲順流行　十五命宮看端的

治痛痔薰法方

黑櫻熔末　皂心土研末　白芷　各等分研末。用水煎洗。並薰之。立效百發百中。裡痔去白芷（用荊水冲服也）

治小兒頭上黃水瘡真神效一掃光方

大棗灰一兩　松香五錢　宮粉二錢　枯凡一兩　銀珠三錢　黃丹一錢

共研細末香油搽

治上吐下瀉腹痛不可忍方

人參二錢　乾姜二錢　白朮炒一錢　炙草一錢五分

共研細末蜜丸。每丸三錢

每服一丸 姜水送下 此丸專治臍上大腹吃涼物肚疼下瀉。並治吐泄交作 如霍乱上吐下瀉服之即愈。

治調經丸方 保証受孕真效驗

代赭石 五錢 醋煅三次 芭豆 二个 去殼炙 香附 三錢 藏紅花 一錢 當歸尾 五錢

陳皮 三錢 牛夕 三錢 油肉桂 三錢 丹參 三錢 川軍 五錢

共為細末蜜為丸 經血過多用此法 節古草 文名 槿草

引子 陳皮 三錢 香附 三錢 紅花 三錢 归尾 三錢 水煎服 忌腥冷 忌床七天

治婦女白帶方

當歸 半斤 酒洗 益母草 半斤 酒洗 白朮 二兩半 羌活 二兩半 赤芍 二兩半

茯苓 二兩半 共為細末蜂蜜為丸 每重三錢 每服一丸

引子 白帶藏紅花童便 黑帶代紅 紅花另有童便 忌辣物 忌行房七天

治滑精之方

煅龍骨 一兩 煅牡蠣 一兩 沙苑 一兩 炒 芡實 一兩 蓮鬚 一兩

共研細末 蓮子粉為糊丸如菉豆大 每服一錢 淡姜湯送下

治女月科立靈丹

益母草 三錢 白芍 一兩 柴胡 一錢 川芎 一錢 當歸 一錢

廣木香二錢 紫蘇三錢 丹參二錢 共為細末煉蜜為丸重一錢

逐病原加引子列左

一 治胎前腰腹痛。胎腫不安。血流不止。服一丸加黃酒送下

一 治臨生產時用黃酒服一丸。能安魂定魄氣血調和。諸病不生

一 治難產橫生不順或胎傷。胎死。連日不能下。今晚用童便引服一丸。即下

一 治產婦耳桃作痛。用黃酒服一丸立刻見

一 治產後衣包不下即用童便加黃酒服一丸即效

一 治胎死不下服脹作痛黃酒鹽湯送下服一丸立見功效

一 治產後中風不語。牙關緊閉半身不遂。失言失語。左癱右瘓手足搐動。腳又反張。不省人事。服一丸用薄荷湯送下

一 治產後四肢無力。面上虛腫。服一丸用木瓜湯。送下即好

一 治產後傷寒頭痛發熱無汗服一丸用葱湯送下

一 治產後血迷不省人事服一丸用荊芥穗燒水送下

一 治產後氣短不進飲食服一丸用紅棗湯送下

一 治產後痰喘咳嗽惡吐酸水。四肢無力虛汗服一丸用姜湯送下

一 治產後氣血身熱手足痲木。筋骨痛。胸口滿咽緊。服一丸用童便送下

一治産後驚風如見神鬼狂言狂語或心痛動作害怕服

一丸外加硃砂少許

一治産後昏悶热止汗服一丸用童便送下

一治産後鼻出血或吐血等症服一丸用藕湯送下

一治産後赤痢用紅花湯送下若是白赤痢用米湯送下

一治〔産後〕白帶一可用艾湯送下

一治産後有肩〔骨〕痛服一丸用茴香湯送下

一治産後赤帶一可用紅棗湯送下

一治産後頭痛難忍一可用白芷湯送下

一治産後泄瀉服一丸用米湯送下

一治産後胸腹疼痛服時用童便黄酒各半湯送下

一治臨盆時小氣痛一可用木香湯送下

一治腰腿二疼痛服時一可用鹽湯水送下

一治膝經痛及手足浮臉一處腫用米湯送下

一治産後接乳成癰疽無名腫毒或用敷患處一丸用黄酒送下

一治婦人無子經脈不調每日用黄酒送下服一月成胎每日服

忌生冷炒米忌菉豆忌葱忌蒜忌心大蔴牛肉

治催生方 死胎易產 死胎亦下

當归五钱 川芎三钱 為末生蜜為丸菉豆大每服四钱

水七分黄酒三分並兩送下

治調旋風方真靈

当归三钱 川芎一钱 白芷二钱 防風一钱 姜蚕半钱

全蝎十个 白附子五分 酒二盅水並服 忌風三日

槐樹枝那火烤出流水搽患就化

此方专治牙痛

防風钱 石羔钱 青皮钱 生地钱 荊芥钱 甘草钱 牛蒡子钱

如後加何藥均一錢用之

若有牙痛的千万要問明白所痛之牙是上

下左右再照方加藥不可乱用注意

上四门牙屬心痛經加○黄芩麦冬各一钱

下四门牙屬腎經加○黄柏知母各一钱

上四膝牙屬胃經加○白芷川芎各一钱

下四膝牙屬脾經加。白朮 白芍 各一錢

上左膏牙屬胆經加。羌活 胆草 各一錢

上右膏牙屬大腸加。大黃 枳殼 各一錢

下左膏牙屬肝經加。柴胡 枝子 各一錢

治婦人乳瘡方 真效驗

老根苑三科 母科分三塊 共計九塊 燒酒二兩

黃酒二兩 紅糖 白糖 各二兩 外加水一盞 一日服

治婦人月科病

當歸 二錢 益母草 五錢 白芍 二錢 紫蘇 二錢 川芎 二錢 柴胡 二錢

廣木香 二錢 丹參 二錢 水煎服

治婦人乳瘡方

粉團半斤 炒老蜂螺半兩 香油半兩 外有

紅皮雞蛋一個 蓬小頭打開 要清不要黃

以蜂螺香油雞清煎膏 外加粉團 蒸便用

攤在布上 敷在貼乳上 最好

治上焦火方 又名 黃連上清丸

黃連五錢 黃柏三錢 黃芩三錢 山梔三錢 蘆根三錢
桔梗三錢 元參三錢 銀花三錢 大海七个
舂為末 蜜為丸（或蜜米湯）

治婦人乳瘡方

用婦人篦子在屋後地下畫一個乳字
念咒三遍又在牆上画一個井字符
咒曰青頭童子為遭難。結氣一團我佛

（念三遍咒）

住寶山一口氣吹散。謹請南斗六星北斗七
星吾奉太上老君急急如律令勅。頭一口
氣吹在篦子。二口氣吹在寫符上

治瘡腫方画符 當飢

咒曰天圓地方十合九章。神筆在手萬物先
老。急收三十六般風種。四十般惡瘡。一收不
出膿。二收不出血。三收盡消滅。謹請南斗
六星北斗七星。吾奉太上老君急急如律令勅

化針才之用法一水呪

天一生水地六成之。六日急箭。五行乃基

五令順動意遠令飛。乾元亨貞。一亘

協文二亘協丑三亘協永路。五亘縫針

化為考先。先官外羊窯。萬物生官月揮。

謹令謹南斗六星北斗七星吾奉太上老君急急

科〻如律令勅 下列與龍變化 左踏三十

轟右踏三車左手三山訣右手筆訣用無根水

寫小孩動土才

土公之神位

土丑之神位

土伏之神位

土課之神位

山神之位

土地之位

天干地支犯

戊己辰戌丑未日子

為之有土

天地衆君七十二神位

寫黃表紙上與小孩

決上順轉三遍在地下燒

心一堂術數古籍珍本叢刊　第一輯書目

堪輿類

章仲山挨星秘訣（全彩色）
臨穴指南
靈城精義箋（全彩色）
堪輿一覽
三元地理真傳（線裝）
姚氏地理辨正圖說
地理辨正補
欽天監風水正論（線裝）
蔣徒傳天玉經補註
三元天心正運（全彩色）
元空紫白陽宅秘旨（全彩色）
羅經舉要（全彩色）
漢鏡齋堪輿小識
陽宅覺元氏新書
地理辨正補註
許氏地理辨正釋義
三元地理正傳（全彩色）
地理辨正天玉經內傳要訣圖解（全彩色）
地理方外別傳
星卦奧義圖訣（全彩色）
地理秘珍
三元挨星秘訣仙傳（全彩色）
欽天監地理醒世切要辨論（全彩色）
地理辨正抉要
地理法門全書
地理辨正抉要
元空法鑑批點本，秘傳玄空三鑑奧義匯鈔合刊
元空法鑑心法
地經圖說
地理辨正自解

謝氏地理書
地理學新義
平洋地理入門、巒頭圖解合刊
平洋地理闡秘（全彩）
華氏天心正運
地學形勢摘要
司馬頭陀地鉗
鑒水極玄經　秘授水法　合刊
地理輯要
地理辨正揭隱　附連成派秘鈔訣要
地學鐵骨秘　附　吳師青藏命理大易數
趙連城秘傳楊公地理真訣
趙連城傳地理秘訣附雪庵和尚字字金
山洋指迷
三元挨星四十八局圖說
張氏地理錦囊
青囊一粟
堪輿秘訣彙釋
風水正原
風水一書

金光斗臨經
論山水元運易理斷驗、三元氣運說附紫白訣等五種合刊
《沈氏玄空吹虀室雜存》《玄空捷訣》合刊
《玄空古義四種通釋》《地理疑義答問》合刊
王元極三元陽宅萃篇
王元極增批地理冰海附　地理冰海（原本）
地理辨正求真
地理小補（全彩色）
辨正發秘初稿（全彩色）
地理辨正翼
天機心竅等地理秘書四種合刊
李文田注撼龍經
家傳地理陰陽二宅秘斷
地理前五十段、後五十段合刊
挨星考注
地理三會集
三元山水秘密真訣（全彩色）
諸家風水選擇秘訣匯鈔

命理類

命理大四字金前定數（全彩色）
韋氏命學講義
命理斷語義理源深
千里命稿
文武星案上下卷
精選命理約言
斗數宣微
斗數觀測錄
地星會源斗數綱要合刊（全彩色）
皇極數（1－4）
星命風水秘傳百日通
鐵板神數（清刻足本）——附秘鈔密碼表
邵夫子先天神數（1－2）
斗數演例（全彩色）
滴天髓闡微——附李雨田命理初學捷徑
算命一讀通——鴻福齊天
命學探驪集
命理用神精華（原本）
澹園命談
命理尋源
新命理探原
滴天髓微義
蠢子數纏度
先天蠢子神數
《斗數秘鈔》《紫微斗數之捷徑》合刊
命譜
徐樂吾滴天髓微義
徐樂吾命理尋原

占筮類

擲地金聲搜精秘訣
卜易拆字秘傳百日通
易占陽宅六十四卦秘斷

相法類

相法易知
相法秘傳百日通
新相人學講義

手相學淺說
神相全編正義
相門精義
大清相法

三式類

壬課總訣（全彩色）
六壬教科六壬鑰
壬學述古
奇門揭要（全彩色）
奇門大宗直旨（全彩色）
奇門三奇干支神應（全彩色）
奇門廬中闡秘（全彩色）
六壬秘笈——韋千里占卜講義
奇門行軍要略
大六壬類闡（全彩色）
大六壬尋源二種
秘鈔大六壬神課金口訣
秘傳六壬課法附金口訣
大六壬指南
甲遁真授秘集
大六壬尋源二種（上）（下）
奇門心法秘纂（全彩色）
奇門仙機（全彩色）
大六壬探源
太乙鑰
太乙統宗捷要
太乙會要

其他類

述卜筮星相學
中國歷代卜人傳